Weitwandern live!

Deckblatt: Die Bilderbuchansicht von Kirchberg vereint, was den Kocher-Jagst-Trail im Monat Mai auszeichnet: Bestellte Felder, blühende Streuobstwiesen und saftiges Grün, wohin man schaut, umrahmen malerische Orte. Frühlingsflair liegt überall in der Luft.

Bibliografische Information der Deutschen Nationalbibliothek:
Die Deutsche Nationalbibliothek verzeichnet diese Publikation
in der Deutschen Nationalbibliografie;
detaillierte bibliografische Daten sind im Internet
unter www.dnb.de abrufbar.

1. Ausgabe 2021
© 2021 Matthias Bargel
Text und Fotos: Matthias Bargel
Umschlaggestaltung: Matthias Bargel
Herstellung und Verlag: BoD – Books on Demand, Norderstedt
ISBN: 978-3-75348-263-7

Matthias Bargel

Weitwandern live!

Eine Fußreise, die Beine macht

Auf dem
Kocher-Jagst-Trail
durchs Hohenloher Land

Über den Autor

Matthias Bargel wird 1975 in München geboren. Er wächst im Botanischen Garten auf, wo sein Vater als Reviergärtner arbeitet. Das Studium der Germanistischen Linguistik, Literatur und Völkerkunde schließt er mit dem Magister Artium (M.A.) ab. Als Reporter schreibt er für die Süddeutsche Zeitung und den Münchner Merkur. Als Redakteur und Lektor verfasst er Marketingtexte für Online-Agenturen. Nach einem Aufbaustudium in Computerlinguistik ist er als wissenschaftlicher Mitarbeiter am Centrum für Informations- und Sprachverarbeitung (CIS) tätig. Ab 2016 unterstützt er seine Geburtsstadt bei der Bewältigung der ›Flüchtlingswelle‹.

Von Kindesbeinen an ist er mit Vorliebe zu Fuß auf Achse: in Gärten und Parks, durch Wald und Flur. Er wandert an Küsten und Seen entlang, durch Flusstäler, Mittelgebirge oder die Alpen. In *Weitwandern live!* erzählt er auf inspirierende Art von seiner Rundtour auf dem Kocher-Jagst-Trail. Als Buchtitel erschienen sind von ihm bereits: *Verwallrunde live!* (2020) und *Alpenüberquerung live!* (2018).

FÜR MAMA

INHALT

Ein weißer Fleck auf der persönlichen Landkarte

Heilsames Wanderfieber bringt die Digitalgesellschaft auf Trab. Immer mehr smarte Community-Mitglieder wollen entschleunigen – draußen, zu Fuß, in einer angenehmen Umgebung. Couch-Potatos raffen sich dazu auf, ihre Lust an Outdoorpfaden zu entdecken.

Möglichkeiten, sich ausgiebig die Beine zu vertreten, gibt es unzählige. Dank einem europaweiten Netz an Fernwanderwegen lässt sich nahezu jede Region mit Rucksack und Walkingstöcken erkunden. Der Kocher-Jagst-Trail im östlichen Baden-Württemberg ist eine eher selten begangene Route, was mehr an ihrer geringen Bekanntheit als an mangelnder Attraktivität liegt.

Mein Freund Horst, der mich begleitet, und ich hatten die längste Zeit unseres Lebens nichts von diesem Weg gehört. Weder kannten wir seinen Namen, noch wussten wir etwas über die Gegend, durch die er verläuft. Er war uns in jeder Hinsicht vollkommen fremd. Umso größer war unsere Neugier auf diesen Trail, und umso fester nahmen wir uns vor, ihn irgendwann einmal live zu erleben. Eine zufällige Entdeckung ging unserem Wunsch voraus.

Die Idee, eines gut gelaunten Tages einen Landstrich namens Hohenlohe zu durchwandern, wurde an einem sonnigen Maimorgen des Jahres 2015 geboren. In Rothenburg ob der Tauber waren wir damals zu einer mehrtägigen Tour aufgebrochen. Sie war entlang jener zierlichen Wasserlinie ausgerichtet, die dem schmucken Städtchen ihren Beinamen lieh: die Tauber.

Rothenburg und *Tauber* sind im Namen der einstigen Reichsstadt untrennbar miteinander verbunden. Sie sind zu einer Einheit verschmolzen, die Sprechern in der Regel in einem Atemzug über die Lippen kommt. Dass diese Wortgruppe in einer lange zurückliegenden Zeit entstanden sein muss, zeigt das vordere Bindeglied an, das die beiden Hauptbestandteile miteinander verknüpft. Das veraltete Verhältniswort *ob* bedeutet ›oberhalb von‹ und war in der Sprachstufe des Mittelhochdeutschen gebräuchlich, die bis zur Mitte des vierzehnten Jahrhunderts währte. Nur im Schweizerischen konnte sich *ob* darüber hinaus erhalten. Anderswo wurde es von der Präposition *über* verdrängt.

Rothenburg ob der Tauber ist heute ein feststehender Name, an dem es nichts zu rütteln gibt. So wenig wie an der Tatsache, dass das Städtchen zu den Top-Sehenswürdigkeiten der Republik zählt. Auf der Sightseeing-Agenda vieler Überseetouristen rangiert es ganz weit oben. Besucher, die schon mal einige Stunden innerhalb seiner Mauern verweilen durften, werden gerne bestätigen, dass Rothenburg ob der Tauber ein außergewöhnliches Kleinod ist. Ein seltenes Relikt aus einer vergangenen Epoche, oder auch eine städtebauliche Oase im Bunde der deutschen, ja europäischen Siedlungsräume.

Der historische Kern vermittelt einen authentischen Eindruck vom Gepräge einer mittelalterlichen Stadt. Dass die verkehrsberuhigte Altstadt in ein abgasarmes Frischluftflair gehüllt ist, dürfte die Beliebtheit dieses Kulturerbes nur noch steigern.

Auf jener Maiwanderung orientierten wir uns weitgehend an den Markierungen des Europäischen Fernwanderweges E8. Seine Linie zieht sich von Irland über Mitteleuropa bis in die Ukraine und führt hierzulande ein Stück weit an der Tauber entlang. Auf diese Weise durchschritten wir so malerische Städtchen wie Weikersheim, die Kurstadt Bad Mergentheim und das verwunschen anmutende Örtchen Gamburg. Am Ende der fünften Etappe langten wir im tauberfränkischen Wertheim am Main an.

Wir hatten erst ein kurzes Wegstück zurückgelegt und befanden uns noch im engen Umkreis Rothenburgs, als wir durch ein Schild auf den Kocher-Jagst-Trail aufmerksam wurden. Weder Horst noch ich hatten uns jemals einem der zwei Flüsse genähert, nach welchen der Rundweg benannt ist. Der Landstrich, den sie durchfließen, war für uns Neuland. Er war ein weißer Fleck auf unserer persönlichen Landkarte, von dessen Struktur und Lage wir keine Vorstellung besaßen. Nur eines war uns klar: dass dieser weiße Fleck jenseits der bayerischen Grenze liegen muss, im wilden Westen Schwabens, irgendwo in Württemberg.

Kocher, Jagst und Bühler formen dort eine Gegend, die gemeinhin als das Hohenloher Land bezeichnet wird. Die Täler stellen markante Konturen in einer großflächigen Zeichnung dar. Durch kräftige Linien, die da etwas dicker, dort etwas schmäler ausfallen, gewinnt die Landschaft an Profil. Falten und Furchen schenken ihrem Gesicht einen Charakter, der unsere Sinne und Sohlen reizt. Unser karges Wissen über ihn verstanden wir als Aufforderung, dass wir ihn ›eigenfü-ßig‹ ergründen sollen. Im Mai 2016, ein Jahr nachdem wir von seiner Existenz erfuhren, ist es so weit: Wir nehmen den vielversprechenden Trail in Angriff und tasten sein Terrain Tritt für Tritt ab.

Als geografischer Begriff meint *Hohenloher Land* ein Geländerelief mit mehr oder weniger scharfen Umrissen. Es grenzt sich von geologisch erklärbaren Nachbarzonen ab und fügt sich organisch mit ihnen zusammen: mit dem Taubergrund im Norden, dem fränkischen Bauland gen Nordwesten und dem Tiefland am Neckar westwärts; im Süden ferner mit dem Schwäbischen Wald sowie in Ostrichtung dem Vorland der Frankenhöhe.

Daneben spielen historisch-politische Faktoren in den Versuch hinein, das Hohenloher Land räumlich zu verorten und dadurch fassbar zu machen. Wie gut ein solcher Versuch gelingt und wie vage er dabei bleibt, ist für unsere Unternehmung unerheblich.

Was für naturverbundene Wandernde, die weite Wege lieben, sehr viel mehr zählt: Auf dem einhundertdreiundneunzig Kilometer langen Kocher-Jagst-Steig lässt sich eine an Details reiche Gegend entspannt und weitgehend unbehelligt von Massenaufläufen erfahren.

Es lohnt sich, diesen schönen und vergleichsweise kleinlauten Fernwanderweg zu erforschen, der sich vor prominenter Konkurrenz nicht zu verstecken braucht.

Ellwangen/ Jagst dunkelviolettblau

Die Bühler, der Kocher, die Jagst – drei Flüsse, drei Unbekannte. Das waren und blieben sie so lange, bis ich mich gemeinsam mit Horst dazu aufmachte, sie aus nächster Nähe kennenzulernen. Bis ich mir selbst ein Bild davon machen konnte, wie sie sich im Einklang mit ihrer Umwelt entfalten.

Das Herz dieses Entwicklungsraums bilden die Haller Ebene im Norden, die Ellwanger Berge im Südosten und die Limpurger Berge im Südwesten. Durchflossen und gespeist wird es von jenen drei Leben spendenden Hauptadern.

Bevor wir unsere Tour planten, war mir *Bühler* als Flussname noch nie zu Ohren gekommen. In meinem Gedächtnis existierte von ihm nicht die dünnste Spur. Vom Kocher hatte ich immerhin beiläufig gehört. Bis zum Mai 2016 war er jedoch ohne Belang für mich, geschweige denn hatte ich mehrere Tage meiner Lebensschnur an seine Ufer gelegt.

Anders verhält es sich mit der Jagst. Uns beide verbindet meinerseits eine jahrzehntealte Erinnerung, obwohl ich kein einziges Mal leibhaftig mit ihr in Berührung gekommen war. Nie spürte ich einen Tropfen ihres Wassers auf meiner Haut, nie strömte es zwischen meinen Fingern hindurch. Als Landschaftselement war mir die Jagst im wörtlichen Sinn wildfremd.

Vertraut ist mir dafür ihr Name. Seine Zeichenkette und Lautfolge haben sich mir in meiner Kindheit eingeprägt, als ich mit Hingabe Briefmarken sammelte.

Auch *Ellwangen* ist mir von daher ein Begriff. Die Stadt an der Jagst stiftete vor einem halben Jahrhundert ein Motiv für ein Postwertzeichen, wie Briefmarken in der Fachsprache des Postwesens heißen. Das Miniaturgemälde selbst habe ich nicht mehr vor Augen. Die Wortkombination *Ellwangen / Jagst* hingegen blieb, wie es scheint, unauslöschlich haften. Ebenso wie der Nennwert und der Schriftzug ›Deutsche Bundespost‹ ist sie auf dem gezähnten Papierbildchen aufgedruckt.

Philatelisten, die ihre Sammelleidenschaft mit wissenschaftlicher Akribie ausüben und sich entsprechend gut auskennen, können Angaben wie diese genügen, um eine Marke eindeutig zu bestimmen. Manchmal benötigen sie zur Unterscheidung die konkrete Nummer, mit der jede Briefmarke in einschlägigen Katalogen verzeichnet ist.

Zu welcher Serie besagte *Ellwangen / Jagst* gehört, wann diese Marke erschienen ist und welchen Nennwert sie hat, darüber kann ich nach Dekaden der Entfremdung von meinem Jugendhobby bloß spekulieren. Ich vermute, dass sie Teil einer Dauermarkenserie ist: *Burgen und Schlösser* vielleicht, *Bedeutende Bauwerke, Sehenswürdigkeiten* oder etwas in der Art.

Um das Geheimnis zu lüften, hole ich daheim einen alten *Michel*-Katalog aus dem Schrank, die Bibel der Philatelisten. Nach ein wenig Blättern finde ich heraus, dass es Ellwangen mit seinem Renaissanceschloss gleich zwei Mal auf die Schauseite von Briefmarken geschafft hat: 1964 zierte das olivbraun dargestellte

Haupttor den 50-Pfennig-Wert der Freimarkenserie *Deutsche Bauwerke aus zwölf Jahrhunderten.* Als die gleiche Serie ein paar Jahre später in einem anderen Druckverfahren und erweitertem Umfang erneut ausgegeben wurde, wählte man für die 1967 erschienene 50er-Marke den Farbton Dunkelviolettblau.

Doch zurück in die Gegenwart. Vom 3. bis 8. Mai 2016 gehen wir den ersten Teil des Kocher-Jagst-Trails ab. In einem Schönwetterfenster wandern wir von Schwäbisch Hall über Langenburg, Heimhausen, Blaufelden, Kirchberg und Crailsheim bis nach Wildenstein. Auf unserer zweiten Tour zwischen dem 21. und 26. Mai 2017 marschieren wir von Dinkelsbühl über Wildenstein, Ellwangen, Rosenberg, Willa, Bühlerzell und Bühlertann nach Schwäbisch Hall.

Solange wir auf dem Kochersteig, von Schwäbisch Hall nach Blaufelden, unterwegs sind, zeigt die Markierung eine von links hinten nach rechts vorne geschwungene und sich verdickende, rote Weglinie auf mittelblauem Grund. Am Jagststeig zwischen Blaufelden und Ellwangen wechselt das Farbpaar in Gelb auf Orange über. Den Bühlersteig, der die Runde nach Schwäbisch Hall vervollständigt, kennzeichnet eine grüne Linie auf orangebrauner Fläche.

Die Bühler, der Kocher und die Jagst stehen für ein Trio aufgeweckter Flüsschen. Ihre tief eingeschnittenen Täler bereiten Weitwanderern lebendige Kulissen für ein vielfältiges Gehvergnügen.

WEGSKIZZE

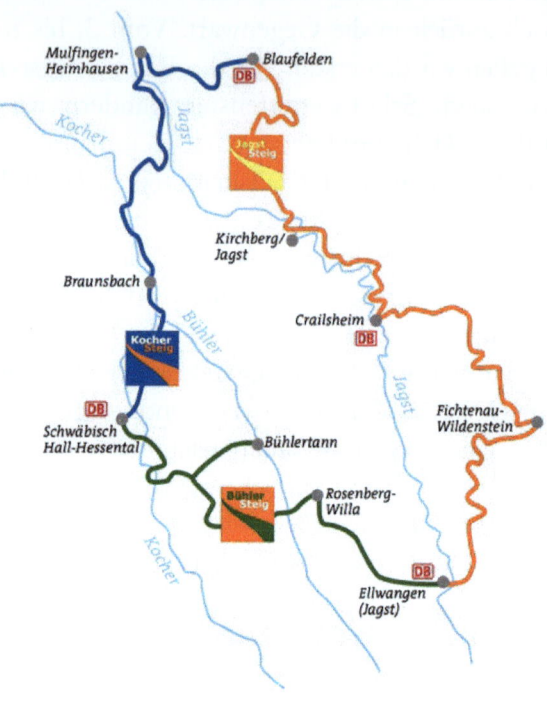

SCHRITT FÜR SCHRITT DURCHS HOHENLOHER LAND

Von Baummusikanten und mythischen Pflanzen

Unsere Wanderung beginnen wir in Schwäbisch Hall. Über Nürnberg, Ansbach und Crailsheim fahren wir an einem Dienstag im Mai in die Markenstadt der Bausparer.

Es ist eher ein nettes Städtchen, das der Kocher fließend zertrennt *(Abb. 1)*. Die kleinere Hälfte ist entlang des Westufers angesiedelt. Der Kern der Altstadt dehnt sich östlich jener vermeintlich blauen Linie aus, mit dem Marktplatz, dem Rathaus und der Hauptkirche Sankt Michael. Eine grandiose Freitreppe führt über dreiundfünfzig Stufen zum Kirchenportal hinauf.

Schwäbisch Hall lädt auf gemütliche Art zum Spazieren ein. Vor so manchem Kulturgut bleiben wir stehen, um es zu betrachten. Das alte Zentrum birgt sowohl Originale aus Stein als auch Unikate aus Holz. In engen Gassen begegnen uns Exemplare von der ersten Sorte, Haus an Haus im Fachwerkstil. Die Baumeister haben es hier besonders gut gemeint und mit rotem und braunem Gebälk nicht gespart, so dicht drängen sich die Elemente an den Fassaden.

Mit knorrigen, teils ausgefallenen Bäumen wartet der Uferpark auf. Die ehemaligen Ackerflächen vor den Toren Halls verwandelten sich ab dem Jahr 1828 nach und nach in einen üppigen Park. Er umgibt das seinerzeit errichtete Schützenhaus und strotzt nur so vor Chlorophyll. Gehölze und Sträucher schufen im

Zuge ihres zähen Wachstums ein wertvolles Idyll. Den Haller Hauptumschlagplatz für CO_2 wissen Bewohner und Gäste der Stadt gleichermaßen zu schätzen.

Auch wir sind von ihm angetan. Auf einem guten Kilometer gehen wir an Vertretern verschiedener Regionen vorbei und fühlen uns angesichts ihres wirkmächtigen Fluidums in weit entfernte Erdzonen versetzt. Faszinierende Gewächse geben uns Rätsel auf. So vertraut scheinen uns manche Blüten und Blätter, doch die Ähnlichkeit mancher Kelche ist verblüffend. Zur Täuschung fähig können sie Laienaugen wie die unsrigen leicht auf eine falsche Fährte locken.

Die Fülle des Arboretums beinhaltet Exoten vom Ginkgo- bis zum Maulbeerbaum, ehrt Kontinentheiligtümer wie den in Afrika *Baobab* genannten Affenbrotbaum, bietet musikalische Scheintalente wie den Trompetenbaum auf und verführt mit Fruchtlieferanten wie der herb schmeckenden Traubenkirsche. Das Potpourri umfasst zudem endemische Klassiker, von Winterlinden über Eiben bis zur Blutbuche.

Etwa zehn Bäume der ersten Parkstunde erfreuen ihre Besucher noch heute: Sie spenden Schatten, werfen im Herbst bunte Blätter ab und locken mit einem farbenfrohen Frühlingsozean Myriaden Insekten in ein nektarreiches Schlaraffenland. Raritäten wie die Elfenblume und der Aronstab, die Kaiserkrone und das Salomonssiegel verleihen der Anlage nicht nur ihren Namen nach einen märchenhaft-mythischen Zauber.

Sehen wir zum anderen Flussufer hinüber, ergeben sich kontrastreiche Perspektiven auf Fachwerkhäuser.

Dem Kocher zugewandte Fassaden liegen wegen ihrer Hanglage vom Giebel bis zum Fundament frei *(2)*. Sie geben sich hübsch und schmutzig zugleich.

Sauber herausgeputzt sind die oberen Bereiche. Mit braunen und roten Holzbalken, einem hell gestrichenen Gefach, das die Wandzwischenräume ausfüllt, sowie grün, rot und grau bis blaugrau lackierten Fensterläden verkörpern sie die Schokoladenseite der Gebäude. In Grautönen mit gräulich-grüner Patina präsentieren sich die nur grob verputzten Unterleiber. Ungleichmäßige Fensternischen, so winzig wie Schießscharten, stehen sinnbildlich für alles Dunkle, Unschöne, das es aus Sicht der Bewohner zu verbergen gilt. Wo das Mauerwerk bröckelt, scheint es wie verwesende Leichen im Keller dem Verfall preisgegeben.

Abb. 1

Schwäbisch oder *Fränkisch Hall?*

Wie kam diese Kreisstadt eigentlich zu ihrem Namen? Weshalb heißt sie *Schwäbisch Hall* und nicht lediglich *Hall?* Die Vermutung liegt nahe, dass es schlicht und einfach zu viele Orte namens Hall gibt, als dass sich einer von ihnen mit den einsilbigen vier Buchstaben bescheiden möchte. In Bayern, Baden-Württemberg, Österreich, der Schweiz, ja im gesamten deutschsprachigen Raum sind die Namensvettern verbreitet.

Wikipedia listet unter dem Stichwort *Hall (Ortsname)* Dutzende Einträge auf, die *Hall* als Bestandteil haben. Angefangen beim ehemals Königlich Bayerischen Staatsbad *Bad Reichenhall* über *Halle,* wahlweise *an der Saale* oder *in Westfalen, Hall in Tirol* und *Hallstatt,* dem im Salzkammergut gelegenen Namensgeber der älteren Eisenzeit, bis hin zu *Niedernhall* im nahen Hohenlohekreis reicht das Spektrum der Varianten.

Sprachgeschichtlich wird *Hall* mit Orten in Verbindung gebracht, an denen Salz aus der Sole gewonnen wurde, aber auch mit *Hang* und später dem Bergbau am Hang. So weit, so gut. Damit wäre der Name *Schwäbisch Hall* hinreichend erklärt, gäbe es da nicht eine Bewandtnis, die sofort neue Fragen aufwirft.

Ursprünglich befand sich das hiesige Hall im Herzogtum Franken, was die Bezeichnung *Fränkisch Hall* rechtfertigte. Den Grund dafür, warum die Stadt anders heißt, fördert ein Ausflug in die Geschichte zutage. In der Chronik des Gislebert von Mons aus dem Jahr 1190 taucht erstmals *Hallam in Suevia* auf. Aus dem lateinischen *Suevia* hat sich die heutige Form *Schwaben* entwickelt. Dass dieses Hall somit Schwaben und nicht Franken zugewiesen wurde, hat politische Ursachen.

Hall gehörte seinerzeit zum Herrschaftsgebiet der Staufer. Das Herzogtum Schwaben war nicht nur ihr Stammland, sondern zugleich ihr bedeutendster Besitz. Wohl deshalb übertrug man den Gebietsnamen auf alle anderen staufischen Ländereien, selbst wenn sie außerhalb des schwäbischen Kernlandes lagen.

Auseinandersetzungen mit dem Landgericht Würzburg im vierzehnten und fünfzehnten Jahrhundert folgte ein formeller Beschluss: Der städtische Rat setzte fest, dass das mittlerweile zur Reichsstadt erhobene Hall auf schwäbischem Boden liege und sich damit der fränkischen Zuständigkeit entziehe. Ein Namenszusatz sollte die Anlehnung an Schwaben dauerhaft zum Ausdruck bringen.

Gelöscht wurde er erst im Jahr 1802, als die Stadt an das Herzogtum Württemberg fiel. Bis 1806 trug Hall vorübergehend die Ergänzung ›am Kocher‹ im Namen. Erst im zwanzigsten Jahrhundert wurde der Zusatz ›Schwäbisch‹ wieder eingeführt. Als offizieller Namensbestandteil dient er seit 1934 dazu, Schwäbisch Hall von anderen Orten mit dem Namen *Hall* zu unterscheiden.

Kammerspiel mit Pointe

Als Quartier wählen wir ein Hotel mit rosigem Namen. Das separate Gästehaus befindet sich gegenüber dem dazugehörigen Gasthof, der mutmaßlich bessere Zeiten gesehen hat. Hunderte Pokale haben sich in den zwei Häusern angesammelt und zeugen davon, dass es einmal etwas gab, wofür irgendwer unter diesem Dach eine ausdauernde Leidenschaft empfunden haben muss: das Darts-Spiel.

Unser Zimmer erinnert an eine ausgediente Liebeskammer. Bettwäsche mit Herzmotiven und ›Love‹-Aufdrucken sowie eine Tapete mit grafischem Muster, das bei längerem Hinsehen und einer entsprechenden Vorstellungsgabe wiederkehrende, zweideutige Szenen offenbart, nähren diesen Eindruck. Er setzt sich außerhalb unserer vier Wände fort, zieht sich durch die Diele und weiter durchs Treppenhaus, wo Aktbilder und als Eingangsbeleuchtung eine rote Lämpchenkette ins Auge fallen. Um ein stillgelegtes Etablissement in diesem Haus zu vermuten, ist kein Höhenflug der Fantasie vonnöten, die in Anbetracht all der Einrichtungsdetails schon mal mit einem durchgehen darf.

Der Gastgeberrolle ist ein sehr dezentes Auftreten auf den Leib geschrieben. Ihre Besetzung drückt mehr Pflicht als Leidenschaft aus und inspiriert uns zu dem Gedanken, dass jeder von uns geäußerte Wunsch ungelegen käme. Beim Frühstück lässt sich die Figur nur zu Beginn an unserem Tisch blicken. Fortan steht sie abseits und wirkt gedanklich abwesend. Horst überlegt es sich daher dreimal, ob er um eine zweite Tasse Kaffee bitten solle. Er möchte nicht stören und lässt es letztlich bleiben. Womöglich wäre es am besten, wenn wir gar nicht da wären.

Oder unterliegen wir einem zwischenmenschlichen Missverständnis? ›Die werden sich schon bemerkbar machen, wenn sie was brauchen‹, mag sich der etwas altersmüde Darsteller über seine beiden Gäste denken, während sich unsere Meinung über ihn zunehmend verfestigt: ›Wie unaufmerksam.‹

Obgleich das Vorhaben aussichtslos scheint, verspüre ich den Impuls, die träge Bühnenfigur herauszufordern. Für eine Sekunde nur will ich sie aus ihrer Lethargie erwecken und zurück ins Hier und Jetzt holen.

Beim Abschied ist der angestrebte Moment gekommen. Als ich auf die vereinbarten siebzig Euro zwei weitere drauflege, passiert nahezu Unfassbares: Zum ersten Mal kehren sich die in Merkelscher Manier gebogenen Mundwinkel nach oben um. Ein Freudenblitz fährt in jene Maske und erlöst sie aus ihrer Erstarrung. Die Person lächelt, was sie verlernt zu haben schien, entsendet ein Dankeswort aus ihrem Mund und grinst umso verlegener, als sie wohl so gut weiß wie wir, dass der uns gebotene Service allenfalls einen Glückspfennig wert war.

Dem einschläfernden Kammerspiel verhalf meine so generöse Geste zu einer pointenhaften Wendung. Eine bereits als entbehrlich abgetane Begegnung heitert sich urplötzlich auf und endet, wenn man so will, versöhnlich.

Auf den Spuren des Frühlings

Die Startetappe treibt unsere Lust auf den Kocher-Jagst-Trail an. Der Wechsel von Tälchen und Anhöhen, Waldwegen und Wiesenpfaden in einer kleinräumigen Landschaft gefällt. Es tut gut, nach Monaten der botanischen Kahlheit unter zartem Grün zu wandern. Im Diebachtal etwa, durch das wir uns dem Kocher nähern.

Es ist Anfang Mai. Bäume und Büsche haben gerade ausgetrieben. Die Blätter mancher Arten sind noch kompakt verpackt, als Knospen kurz vor dem Aufplatzen. Den wieder auflebenden Wäldern wohnt eine vitale Atmosphäre inne, von der uns Herbst und Winter über Monate entwöhnt haben. Von Tag zu Tag freimütiger offenbart sie, was uns im Zeitraum der langen Nächte gefehlt hat. Auf das Freundlichste führt sie uns vor, wonach Mensch und Tier sich alljährlich aufs Neue sehnen.

Wir wandeln in einem urwüchsigen Mikrokosmos. Der federnde Boden und ein luzides Dach aus Baumkronen umschließen die durch und durch aus Massivholz gearbeitete Säulenhalle. Ein Gewirr aus Vogellauten gibt hierin den Ton an. Wer absolute Stille sucht, wird sie in der Natur des Frühlings nirgendwo finden.

Überall zwitschert, klopft oder tschilpt es, auch außerhalb des Waldes. Man denke nur an die ungemähten Wiesen, über die Abertausende Grillen einen metallischen Klangteppich legen. Bisweilen nimmt das Zirpen einen Hauch von jener Bissigkeit an, mit der an

Sonnentagen Horden von Motorrädern ihre Umwelt behelligen. Wenn sie in Scharen ausschwärmen, Grillen wie Biker, ist es um die Ruhe schlecht bestellt.

On the road sein und dabei dem Gefühl von Freiheit hinterherjagen – wer wollte Bikern diesen Drang verdenken? ›Endlich wieder ausfliegen, über alle Grenzen hinweg!‹, ist ihr Credo.

Gleichzeitig mit dem Sprießen in Wald und Flur brechen Gefährte jeden Kalibers aus ihren winterlichen Behausungen aus. Monatelang waren sie eingesperrt und zur Bewegungsunfähigkeit verdammt. Jetzt tuckern und knattern, dröhnen und heulen sie wieder nach Leibeskräften über Asphalt. Von leichtgängig bis schwerfällig, elegant bis sportlich, eher ungelenkig bis wendig reichen die Spielarten der Mobilität.

Der Wermutstropfen für Wild und Wanderer: Maschinenlenker suchen sich für ihr Fahrvergnügen mit Vorliebe die schönsten Gegenden aus. Als Landplage der Moderne erinnert der Motorsport nur entfernt an die Heuschreckeneinfälle früherer Zeiten. Statt an jungen Pflänzchen zu nagen und die Ernte zu gefährden, treibt er Raubbau an einer kostbaren Ressource in einer lauten Welt. Dank gebührt daher solchen Fahrern, bei denen ab und zu ein Gedanke der Einsicht aufblitzt und die Erkenntnis reift, dass es andere Geschöpfe in Mitleidenschaft zieht, wenn ihresgleichen zu Tausenden über die Rennpisten pesen.

Im Hier und Jetzt ist von so einer Landplage nichts zu merken. Gar nicht oft genug können wir unsere Köpfe nach hinten neigen, um mit den Augen das leuchtende Laub aufzusaugen. Flattrige Herzen, gerippte und glatte Ovale, gefiederte Wedel und mehrlappige Vielzacke, Hände aus Riesentropfen und herabhängende Klauenfinger kriegen sie in ungleichmäßigem Wechsel zu fassen, je nachdem ob über uns gerade eine Linde, eine Hain- oder Rotbuche, eine Eschen- oder Ahornart, eine Kastanie oder eine Eiche ihren lichtdurchlässigen Schirm aufspannt.

Hauchzart wie Seidenpapier fühlt sich das Buchenblatt an, flaumig wie Samt das der Linde. So frisch und glänzend sind sie nur an den Tagen nach ihrem Aufgehen. Ähnlich der Freude über ein Neugeborenes ist die Frühlingsfaszination zu Beginn am größten.

Effektvoll wird der Raum in Szene gesetzt *(3)*. Wo filigrane Strahlen durchs Gewölbe blitzen, brennen sie Sonnenflecken ins Waldparkett. Mit ihren schattigen Pendants vereinen sie sich zu hell-dunklen Mustern.

Eine Latte, die sich geschliffen hat

Mit dem Diebachtal durchwandern wir das erste einer Reihe charmanter Tälchen. Der Wasserlauf ist tief in die Erdoberfläche eingekerbt. Je steiler sich die Abhänge an ihn drängen und je mehr Höhenmeter zwischen uns liegen, desto unzugänglicher ist er für Zweibeiner. So wild haben wir uns den Kocher-Jagst-Steig in unseren kühnsten Pfadträumen nicht ausgemalt.

Wanderern gegenüber verhält er sich wohlwollend. Seine Wegführung ist optimal und die Markierung vorbildlich. So selten er uns an eine stärker befahrene Straße bringt, so sicher lenkt er uns umgehend wieder weg. So gut wie nie gelangen wir an einen Punkt, an dem wir ein Schild vermissen würden. Leisten wir ausnahmsweise ein paar Hundert Extrameter ab, ist dies eher unserer abgelenkten Aufmerksamkeit geschuldet.

Bei Geislingen mündet die Bühler in den Kocher. Neunundvierzig Kilometer weit hat sie sich durch das Hohenloher Land gewunden. Nun vermischen sich die zwei quirligen Flüsse. In einem gestärkten Strang gehen sie auf.

Von diesem Ort aus bestaunen wir in der Ferne die höchste Talbrücke Deutschlands *(4)*. Mehr Gegensätzlichkeit, als es ihre Präsenz in dem hügeligen Umfeld ausdrückt, ist kaum vorstellbar. Technische Präzision trifft auf verspielte Natur. In einer strikten Linie tangiert die Latte das Tal. So geschliffen gerade lagert sie auf im Lot errichteten Stelzen, dass uns das Bild unwirklich vorkommt. Was Ingenieure, Statiker und alle am Bau beteiligten Arbeiter da ins Werk gesetzt haben, mutet futuristisch an. Sehen, zu welch unglaublichen Leistungen der Mensch fähig ist, begeistert.

Die Datenlage ist klar: Auf einer Länge von 1128 Metern führt die Brücke über den Kocher. Sie wird von acht 40 bis 178 Meter hohen Stahlbetonpfeilern gestützt. Maximal 185 Meter beträgt der Abstand zwischen dem Überbau und dem Grund. Bis ins Jahr 2004 durfte sie sich der höchsten Brückenpfeiler auf dem Erdball rühmen, ehe ihr das Viadukt von Millau den Rang ablief. Auf bis zu 245 Meter hohen Pfeilern überspannt es das südfranzösische Tal des Flusses Tarn.

Als man die Kochertalbrücke im Dezember 1979 den Jahr für Jahr gewaltigeren Blechlawinen überließ, wurde eine Lücke der Bundesautobahn sechs von Heilbronn nach Nürnberg geschlossen. Gleich einer Messerklinge schneidet das Viadukt seither die Landschaft, ohne dass es deren Optik allzu gravierend verletzt. Seine Pfeiler sind es, welche die Auen wie mit Nadelstichen piksen.

Wir wandern weiter. Auf ruhigen Wegen stiefeln wir an breit gefächerten Streuobstwiesen entlang. Roséfarbene, weiße und rosarote Blüten zieren die Geäste von Apfel-, Birn- und Zwetschgenbäumen.

Ein von Tierschützers Hand gemaltes Verkehrsschild gebietet Fahrern und Fußgängern Achtung vor Kröten. Laut Straßenverkehrsordnung queren die Amphibien zwischen 18 und 2 Uhr. Sollte eine von ihnen früher dran sein oder sich versehentlich verspäten, bleibt bloß zu hoffen, dass jene Säuger, deren Weg sie kreuzt, Augen und vor allen Dingen ein Herz für Frösche haben.

Ähnlich skurril ist ein zweites Schild. Das Bürgermeisteramt Braunsbach markiert mit folgendem Wortlaut eine Grenze für Angler: ›Hier endet das Fischwasser der Gemeinde Braunsbach‹, heißt es links von einem schwarzen Balken, zu dessen rechter Seite geschrieben steht: ›Hier beginnt das Fischwasser von Herrn Kurt Schwarz‹. Beide Parteien mögen sich tunlichst daran halten! Unter Eid würden Fisch und Wasserfloh die kleinste Grenzüberschreitung bezeugen.

Schritt für Schritt nähern wir uns dem diffusen Rauschen. Der Klangmix der Autobahn kommt nur sehr gedämpft bei uns an, selbst dann, als wir uns in puncto Körpergröße schon mit den Brückenpfeilern messen. Wie massiv die Stelzen jetzt sind, die aus der Distanz so umwerfend schlank aussahen! Plastisch und tastbar sind sie, während wir mit der Haltung eines Hans Guckindieluft unter dem so steif wirkenden Bauwerk hindurch stolzieren.

Von einem ungebetenen Gast

In Braunsbach gönnen wir uns beim Gasthof Zum Löwen die floskelhaft *verdiente* Zwischenstärkung: draußen eine feine Spargelcremesuppe für den einen, delikate Klößchensuppe für den anderen, und weil der Wind auffrischt, drinnen das Kaffeegetränk zum Kuchen. Der Strandkorb, in dem Horst eine Weile sitzt, will wohl ein Gefühl imitieren, das einer binnenländischen Gegend an sich fremd ist: Sollte sich da fernab von Nordsee- und Adriaküste ein Feeling wie am Sandstrand einstellen? Keineswegs, so ein *Korb* ist halt einfach global betrachtet ein guter Windschutz.

Dass sich Braunsbach bald nach unserer Heimkehr in Erinnerung bringen soll, hat mit einem Ereignis zu tun, das sich am 29. Mai 2016 zutragen wird. Ein wüstes Wetter stattet dem Ort an diesem Tag einen Besuch ab. Nein, *Besuch* ist zu schön gesprochen für so einen Gast, und für eine *Stippvisite* bleibt er zu lange. Er ist keiner von der angenehmen Sorte, erst recht keiner, den man willkommen heißt und hereinbittet. Er gleicht vielmehr einem Überfall. Ungestüm platzt er ins Haus, sodass man sich wünscht, man hätte besser die Tür vor ihm verriegelt. Die Bürger mochten herzlich gern auf ihn verzichten.

Was da in jener Sonntagnacht seine Aufwartung macht, ist boshafter Natur. Der Überfall dauert weniger kurz, als er heftig ist. Der Eindringling hat zudem Mitbringsel im Gepäck, die kein Mensch will. Spendabel packt er sie aus und verteilt sie mitten im Ort: Erst kommt der Wind, der zum Sturm wird, daraufhin folgen Wolkenbruch und Regengüsse, irgendwann Überschwemmung und unweigerlich die Flut. Der Orlacher Bach und der Schlossbach wachsen zu Strömen heran und treten über die Ufer. Im Schwall des Wassers sind die Bachbetten kaum noch erkennbar. Mit unbändiger Gewalt schießt es die Sträßchen hinab.

Dass eine Verdolung verstopft ist, verschärft die Lage dramatisch. Eine riesige Ladung Trümmer staut sich dort, ballt sich und entlädt sich schlagartig. Im Nu entwickelt sich eine Lawine aus Wasser, Schlamm und Geröll. Alles, was ihr im Weg liegt, spült sie weg. Sie reißt Autos, Steine und Baumstämme mit, drückt Fensterscheiben ein und kommt erst Stunden später zur Ruhe.

Als der unheilvolle Spuk vorbei ist, türmt sich der Schutt. Straßen sind verwüstet, Häuser dem Einsturz nahe. Auch der Gasthof Zum Löwen wurde getroffen. Elf Monate Arbeit wird es bedürfen, um das Gebäude wieder herzurichten.

Rückblickend werde ich mich fragen, ob denn dieser Tisch am Marktplatz, an dem wir heute, drei Wochen davor, friedvoll unsere Süppchen löffeln, jenen Überfall überstanden und ob vor allem dieser Strandkorb wie ein Fels in der Brandung den Fluten standgehalten hat. Auf der Gemeindeseele soll das unselige Gebaren tiefe Spuren hinterlassen, weshalb die Bürger seiner am ersten Jahrestag gedenken.

4

5

Im Angesicht eines toten Urgesteins

Ab Braunsbach widerfahren uns ein paar Schnitzer. Sie sind schnell passiert, weil wir unachtsam sind und uns nicht beizeiten vergewissern, ob der Weg noch stimmt.

Denkt der Wandernde nicht mit, sind seine Füße ganz und gar sich selbst überlassen. Losgelöst von seinem Geist tappen sie arglos wie Kleinkinder vor sich hin. Sie folgen keinem Gedanken mehr, wollen immer weiter, ohne nach links oder rechts zu schauen. So ungezwungen und frei, als gäbe es keine Richtung und kein Ziel.

Wir gehen vom Marktplatz die verkehrte Straße hinauf, bis wir unseren Irrtum bemerken und mit kleinem Mehraufwand korrigieren.

Jetzt genießen wir den Gang an den Westhängen nach Döttingen, wo wir die Talseiten wechseln. Diesseits wie jenseits des Kochers atmen wir hohe Dosen einer sauerstoffgeschwängerten Luft. Ungefiltert gelangt sie in unsere Lungen. Sie entströmt den jüngst wieder angeworfenen Kohlenstoffkraftwerken. Mit jedem aufgehenden Blatt drehen die Generatoren weiter auf. Ihr Chlorophyllgehalt nimmt zu, bis sie auf Hochtouren laufen. Trockenperioden können ihre Leistung zwar drosseln. Doch der Output belebt und wirkt, wem es hilft, verjüngend.

Oberhalb von Steinkirchen legen wir eine Ehrenrunde oder besser gesagt eine Spitzkehre hin, nachdem wir die Pfadverbindung von der oberen zur unteren Straße übersehen haben.

Auf der Flussbrücke sind wir dem Kocher letztmals ganz nah. Der Steig verabschiedet sich kurz darauf von ihm.

Buchstäblich im fliegenden Wechsel wird die Staffel an die Jagst übergeben, denn dazwischen liegt das Tälchen des Weilersbachs. Es zweigt gut einen Kilometer hinter dem Ort nach Osten ab und zählt zu den originellsten Passagen des Trails. Saftig-grüne Wiesen mit weiß getupften Obstbaumkronen wellen sich durch diesen Winkel. Der Bach bleibt im Verborgenen.

Auf einem Hügel jenseits des Talgrunds thronen höhere und mächtigere Bäume. Aus deren Mitte ragen die steilen Dächer altgrauer Gemäuer empor. Es ist die Burg Tierberg, die einen solch imposanten Anblick bietet. Noch ehe wir in das Nebental einbiegen, zeigt sie sich uns zum ersten Mal: die Burg, dieses greise Relikt, das sich wie totes Urgestein über die Frühlingsvegetation erhebt *(5)*.

Wir haben es fortwährend vor uns, während wir den Wegwindungen folgen. Der ausgedehnte Anstieg untermauert seine Erhabenheit. Das altgediente Bauwerk, würde ein Von-und-zu sagen, fordert uns ein gerüttelt Maß an Mühen ab. Uns erscheint es wie eine Reminiszenz an eine erloschene Epoche. An die Zeit des Rittertums, an verblühte Grafschaften und leidvolle Ären von Krieg und Kleinstaaterei.

Faszinierend gestaltet sich das Spiel zwischen Annäherung und Entfernung, das von der landschaftlichen Lage Tierbergs lebt. Der Aura, von der die Burg umgeben ist, können und wollen wir uns nicht entziehen.

Ein leichter Schauder läuft uns sogar über den Rücken. Die Abfolge der Blickwinkel entscheidet darüber mit, ob wir einen Ort oder ein Gebäude ›nur‹ interessant finden, sie als bezaubernd oder charmant wahrnehmen oder ob sie uns fesseln.

Besuch von Tante Lisbeth

Wir wollen in Bächlingen übernachten. Der Weg dorthin zieht sich gehörig in die Länge. Unser Idealpensum ist längst erfüllt, also marschieren wir die verbleibenden Kilometer im doppelten Wortsinn nur noch runter. Runter ins Tal der Jagst, wo der Wirt vom Landgasthof Grüner Baum auf uns wartet.

Wir mögen doch bitte gleich essen, werden wir höflich gebeten, denn man sehnt sich hier nach dem Feierabend. Drei Gerichte stehen zur Wahl: Schnitzel, Cordon Bleu und Käsespätzle. Wir wählen die Teigwaren und bekommen davor einen Teller Salat serviert. Obwohl Fertigspätzle und Scheiblettenkäse verwendet wurden und statt Röstzwiebeln aus der Pfanne Fabrikteilchen darüber gestreut sind, essen wir unsere Teller mit vollem Genuss auf. Wir hatten schließlich großen Hunger. Die gut dreißig Kilometer zehrten an unseren Reserven.

Der Herr des Hauses wirkt körperlich wie emotional etwas unbeweglich. Jedenfalls auf den ersten Blick. Wir sitzen am kleinen Tisch direkt vor dem grünen Kachelofen. Ein gerahmtes Schwarz-Weiß-Foto an der Wand zeigt die Queen im Kreise anderer Personen.

Warum ausgerechnet dieses Bild dort hänge, frage ich den Wirt. »Weil das die Tante Lisbeth ist«, antwortet er mit glühenden Augen so selbstverständlich, als fühle er sich hundert Jahre nach dem offiziellen Ende der Monarchie noch immer als treu ergebener Untertan eines adligen Landesherrschers. Auf mein Nachfragen erklärt der Mann, dass das Fürstenhaus Hohenlohe-Langenburg in einer verwandtschaftlichen Beziehung zum britischen Königsgeschlecht stehe. Und damit auch zu eben jener Lisbeth, die den meisten als Queen Elizabeth II. geläufiger sein dürfte.

Die Recherche deckt auf, dass Ihrer Königlichen Hoheit Gemahl, Prinz Philip, mit dem Großvater von Philipp Fürst zu Hohenlohe-Langenburg verschwägert war. Prinzessin Margarita von Griechenland und Dänemark war mit Gottfried zu Hohenlohe-Langenburg durch Heirat verbunden.

Das einzige Gastspiel der Queen bei ihren Hohenloher Verwandten fand am 24. Mai 1965 im Rahmen ihres ersten Deutschlandbesuchs statt. Wohl ein halbes Jahrhundert lang hängt sie als Schwarz-Weiß-Aufnahme verewigt nun schon in der Stube des Grünen Baums. Dabei erzählt der Wirt so stolz von *seiner* Tante Lisbeth, als sei es letzten Sonntag gewesen, dass sie bei ihm höchstpersönlich zu Besuch war.

Im Schatten des Aristokratenheims

Vor einem eindrucksvollen Gemälde steigen wir in das Städtchen Langenburg hinauf. Wir gehen an sanft geneigten Äckern entlang und werfen über kaum kniehohe Getreidehalme und ein Wäldchen hinweg erste Blicke aufs Aristokratenheim.

Schloss Langenburg ist seit Jahrhunderten Wohnsitz der Fürstenfamilie. Die im Renaissancestil gestaltete Residenz thront auf einem Bergsporn, um den sich die Jagst in einer vornehmen Kehre schlängelt.

Um halb zehn Uhr morgens sind die Tore zum Schlossgelände noch verriegelt, an diesem Himmelfahrtstag des Jahres 2016. In der Auffahrtsstraße setzen wir uns vor das einzige Café, das auf hat, und genehmigen uns einen zweiten Frühstückstrunk, nachdem der Kaffee jenes untertänigsten Wirts gelinde gesagt alles andere als fürstlich schmeckte. Horst probiert ein ›Wibele‹ dazu, eine lokale Backspezialität aus Biskuitteig, und hat den halben Tag lang daran zu knabbern. Wie das halt so ist mit den häufig zu hoch gepriesenen Köstlichkeiten, die sich Touristen unter keinen Umständen entgehen lassen sollten.

Schon jetzt fallen in beträchtlicher Zahl Biker ins Städtchen ein. Heute ist ein Paradeausflugstag für alles, was auf zwei Rädern unterwegs sein will, und zu unserem Leidwesen gehören mehr als genug von der motorisierten Sorte dazu. Landauf, landab sorgen sie ab dem Frühjahr für jene scheußliche Soundkulisse, die wir liebend entbehrten, während wir durch Wald und

Flur streifen. Mancher Fahrer ist so schamlos und dreht sogar innerorts ordentlich auf. Beobachten können wir solches Gebaren auf der Zielgeraden zum Schloss. Ungeniert wird auf den letzten dreihundert Metern noch einmal kräftig Gas gegeben, obwohl das Ende der Zufahrt in Reichweite ist. Ganz nebenbei, quasi als sinnlicher Kollateralschaden, wird so unbedeutenden Leutchen wie uns der Aufenthalt auf der Caféterrasse verleidet.

Froh sind wir darum, als wir im Schatten der Burganlage Lärm und Lederkluften hinter uns lassen. Im Grün finden wir Zuflucht, ins Grün tauchen wir ab. Von der Natur umarmt, schätzen wir uns glücklich, ihr wieder unmittelbar nah, ja mit ihr auf Tuchfühlung zu sein.

Mit edlen Worttröpfchen abgefüllt

Im Entschleunigungsmodus erschließen wir uns auch die Räume der zweiten Etappe. Schrittweise eignen wir uns die Bandbreite der Landschaft an und wandern mal flott, mal gemütlich von dem einen Gelände zum nächsten hinüber. Von jeder einzelnen Erscheinungsform geht eine andere Wirkung aus.

Zuerst dürfen wir auf schmalen Pfaden locker bestandene Forsten erfahren. Wo sich am Grund dünne Schattenlinien mit meterdicken, grellen Blendstreifen abwechseln, zeichnet sich als Ahnung schon die brütende Sommerhitze ab. Lichtungen, die sich ab und an auftun, wecken das Raumgefühl kleiner Oasen. Sie billigen der bodennahen Flora zu, sich freier zu entfalten, als es ihr unter dem Joch der Gehölze gestattet ist.

Ein andermal schleichen unsere Sohlen über blühende Gräsermatten, auf welchen sich der Baumbewuchs auf Obstarten beschränkt *(6)*. Über uns schweben fusselige Schäfchen unterm pastellblauen Himmel. Die Hänge senken sich nun zur Jagst hin. Sie soll uns an den nächsten Tagen begleiten.

Heimhausen wird im Tourenbüchlein als Etappenziel vorgeschlagen. Angesichts der spärlich vorhandenen Herbergen käme der Steig kaum ohne die dortigen Gästezimmer aus.

In der überkandidelten Jagstmühle sitzen wir unter freiem Himmel in der Nachbarschaft etlicher Feiertagsgesellschaften. Familien und Paare haben sich zum Essen eingefunden, ebenso mancher Sologast.

Ein Herr, an dessen Tisch wir Platz nehmen dürfen, hat das Bedürfnis, aus dem Nähkästchen zu plaudern. Er sei aus Koblenz, sagt er und lobt in schwelgerischer Weise den Moselwein. Er lässt sich bevorzugt über Sternelokale aus und gefällt sich ganz offensichtlich in der Rolle eines leicht versnobten Besserverdieners, für den es sich schickt, von den Bratkartoffeln auf seinem Schnitzelteller, der dem Etablissement gemäß ohne Salatbeilage kommt, ein Häuflein übrigzulassen.

Ob er beruflich etwas mit der Weinbranche zu tun habe, will ich irgendwann von dem Mann wissen, nachdem er uns in Profimanier mit so zahllosen edlen Worttröpfchen abgefüllt hat, dass wir uns rein verbal unter den Tisch getrunken fühlen. Ach woher, er kuriere die Nervenleiden seiner Patienten, habe sich in seinem Urlaub aber zu einer anderen Aufgabe verpflichtet. Seine Frau und weitere Gefährten touren auf Leihrädern durch die Gegend. Weil ihn selbst ein kaputter Fuß am Radfahren hindere, mache er sich für sein Team nützlich, indem er einen Shuttle-Service für seine Mitstreiter auf die Beine stellt.

Wirtshäuser mit extravaganter Palette

Als wir nach Brunnenkressesuppe und Kuchen den Gasthof verlassen haben, halten wir nach der Fortsetzung unseres Pfades Ausschau und stellen fest, dass uns die illustre Einkehr einige Kilometer gekostet hat. Wie so oft sind es unsere Füße, die unsere Sperenzchen ausbaden dürfen.

Die markierte Linie führt auf der Ostseite der Jagst bis nach Eberbach zurück. Auf Höhe dieses Dörfchens waren wir heute bereits, am Vormittag allerdings oberhalb des Westufers. Rentabel ist das geografische Zipfelchen sowohl kulinarisch als auch landschaftlich, weshalb uns unser rüstiges Gebein diesen Extragang nachsieht.

Was auffällt, ist die Vielzahl verblichener Gasthäuser. Das Wirtshaussterben lässt sich im Hohenloher Land von Ort zu Ort verfolgen. Typisch sind Fassaden, an denen der Anstrich blättert und der Putz bröckelt, ferner mit Spinnweben verhangene Simse und Mauerwinkel. Blickt man durch das blinde Glas dunkler bis schwarzer Fensterscheiben, kriegen die Augen abgenutztes Mobiliar zu fassen. Verstaubte Tische und Stühle geben oftmals ein ungeordnetes Bild ab.

Vielsagend sind auch die Speisekartenvitrinen am Eingang. Ihr Zustand spricht manchmal Bände. Vergilbte, sich wölbende Blätter mit ausgeblichener Schrift hängen schief oder baumeln wie an einem seidenen Faden, wenn sie nicht schon zu Boden gefallen sind. Ihr Inhalt kann ein weiteres Merkmal für die Ex-Existenz eines Lokals sein, teilen sie uns doch mit, wie einfältig das Angebot selbst nach damaligen Maßstäben sein konnte.

Im Gasthof Zum goldenen Adler eines x-beliebigen Örtchens stehen weder Rinderroulade und Schweinshaxe noch Geflügelbraten und Wildgerichte auf der Karte, wie man aus dem gutbürgerlichen Namen schließen könnte. Nicht einmal Schnitzel und Wiener Würstchen sind aufgeführt, die für einfachere Gasthäuser älterer Prägung üblich sind. Was sie stattdessen an *Speisen* aufzählt, sofern man dieses Wort überhaupt in den Mund nehmen will, liest sich kurios: Unter der Bier-, Wein- und Spirituosenauswahl und einer Handvoll alkoholfreier Getränke werden ›Erdnüsse‹ und ›Salzstangen‹ für 50 Cent, ›Bierstängel‹ für 30 Cent sowie ›Duplo‹ und ›Hanuta‹ für 30 Cent genannt. Mehr feste Nahrung hat es in diesem Haus demnach nicht gegeben. Seinen Untergang dürfte die extravagante ›Menüpalette‹ nur zum Teil erklären.

Kurz und schmerzlos stiefeln wir gleichmütig zurück. Dabei passiert uns eine Unaufmerksamkeit, die unseren Beinen Hunderte Zusatzmeter aufbürdet. Was nimmt man auf einer Fernwanderung nicht alles in Kauf!? Der puren Freude am Gehen wegen und aus der inneren Überzeugung, dass kein Schritt umsonst ist. Jeder gelaufene Meter kommt einer Sache zugute: unserem Kreislauf, dem Stoffwechsel, der Gesundheit und so ...

Im dampfigen Urwald

Wir haben vor, in der Hertensteiner Mühle zu übernachten. Mit achteinhalb Kilometern Fußmarsch ab der Jagstmühle wollen die Betten redlich verdient werden. Knapp achtzehn Kilometer wären es nach Blaufelden, eine Stadt mit touristischer Infrastruktur, wie wir in naivem Glauben annehmen.

Angesichts des heutigen Feiertags kommen uns Bedenken, ob wir an der Mühle so kurzfristig ein Zimmer kriegen. Mein Anruf bestätigt, was zu erahnen war. Alles sei ausgebucht, höre ich eine Damenstimme am anderen Ende der Leitung sagen. Doch der Frühling stimmt uns optimistisch. Wir wollen die Hoffnung noch nicht aufgeben, sondern vor Ort erneut anfragen. Sind wir erst mal da, mit Rucksack, Durst und leeren Mägen, lässt sich vielleicht doch etwas machen. Andernfalls wären wir gezwungen, nach Blaufelden durchzumarschieren, denn weder der Wanderführer noch unsere digitale Landkarte wissen von einem früher erreichbaren Quartier.

Das Übernachtungsverzeichnis im Büchlein listet die Orte und ihre Herbergen in der Reihenfolge auf, wie sie bei einer Steigbegehung im Uhrzeigersinn aufeinander folgen. Einzig für Weldingsfelden, das weit abseits in Richtung Künzelsau liegt, gibt es einen Eintrag. Das Gasthaus soll sogar einen Transfer-Service anbieten, wie es in Klammern heißt.

Dem Liebreiz des Rötelbachtals tut die offene Herbergsfrage keinen Abbruch. Es ist verlockend, das Idyll mit allen Sinnen zu erspüren: hie und da stehen bleiben, die Düfte der fetten Flora einsaugen und auf das hintergründige Plätschern, Rauschen und Zwitschern horchen. Inmitten des dampfigen Ambientes keimen Gedanken an Urwald auf. Das i-Tüpfelchen wäre es, tiefer in ihn einzudringen und uns mit mehr Muße all den Eindrücken zu widmen. Doch die Ungewissheit und das unerledigte Pensum, dessen Ausmaß wir nicht kennen, treibt uns vorwärts.

Immerhin ein Päuschen nehmen wir uns dann doch heraus *(7)*. Wir setzen uns auf eine Bank, um anregende Momente lang in der feuchten Wildnis zu verweilen, ehe wir uns an der Hertensteiner Mühle einen Korb holen. Zum zweiten Mal hören wir uns die Nachricht an, dass wir keinen Schlafplatz bekommen. Diesmal ist sie definitiv.

Später einmal wird ein Insider uns gegenüber den Verdacht äußern, es könnte auch an der Unlust der Wirtsleute gelegen haben, dass man uns weitergeschickt hat. In der Tat verhängt mancher Gastwirt insgeheim einen Aufnahmestopp für Leute, die nur eine Nacht bleiben wollen. Lieber wird ein Geschäft ausgeschlagen, das als aufwendig und wenig lohnend gilt.

6

7

Wo Herbergen so rar gesät sind wie entlang dieses Trails, kann so eine Haltung für Obdachsuchende ärgerlich sein. Für uns beide steht fest, dass wir den Traum von zwei weichen Federbetten heute noch ganze zehn Kilometer weiterträumen dürfen, und falls wir Pech haben, sogar noch mehr.

Lechzen nach Knallgelb und einem Gästebett

Die Wiesen um die Hertensteiner Mühle sind großteils belegt. Junge Eltern spielen mit ihrem Nachwuchs, andere nutzen ihr grünes Fleckchen zum Faulenzen. Die Terrasse ist ebenfalls gut besucht. Dass alle Zimmer vergeben sind, ist insofern wahrscheinlich. So oder so besteht unsere Mission darin, Plan B umzusetzen: den Durchmarsch nach Blaufelden.

Wir lassen den Rötelbach und den anschließenden Weilersbach hinter uns. Von nun an folgen wir nicht mehr brav der zackigen Führerroute, sondern suchen uns die kürzeste Linie ans Ziel.

Anstatt einen Bogen um Raboldshausen zu machen, wandern wir mitten hindurch. Das Dorf steht heute unter starkem Alkoholeinfluss. Dem Bockbierfest sind, wie sich bestimmt jede und jeder vorstellen kann, keineswegs nur ortsansässige Bürger zugetan. Mit Brauspezialitäten von der namengebenden Sorte lockt das Event trinkfreudige Gesellen aus der nahen und weiteren Umgebung an, darunter viele, die sich betören lassen und betäuben wollen, um mit Mann und Maus zu versumpfen.

Es folgen Abschnitte, auf die unsereins wenig Lust hat. Über ihren Charakter lässt sich kaum Aufregenderes sagen als dieses: Zwischen Monokuluräckern geht es auf schnurgeraden Wegen voran, etliche Kilometer lang. In der Ferne blühende Rapsfelder avancieren in Anbetracht dessen zu einer echten Augenweide. Wir begrüßen sie als Kontrast zur öden Frontalperspektive. Unser Sehsinn lechzt geradezu nach knalligem Gelb.

Ein Kirchturm und erste Häuserdächer tauchen vor uns auf. Visuell sind wir damit am Ziel. Für unsere Füße hingegen soll noch mehr als eine Weile vergehen, bevor sie sich entspannen dürfen.

Außer dem monotonen Gang verlangt uns eine andere Bewandtnis einen langen Atem ab. Bald nach der Ankunft wird unser Vertrauen in die überlieferte *Gastfreundschaft* von einer frustrierenden Erkenntnis beerbt: In Blaufelden gibt es kein einziges Gästebett.

Beim Gasthof Zum Hirschen, den wir als sicheren Hafen im Visier hatten, stehen wir vor verschlossener Tür. Alles ist dunkel, und unter der im Schaukasten angeschriebenen Telefonnummer ist niemand erreichbar. Wir lassen davon ab und steigen die Treppen zum Gasthaus Zur Krone hinauf. Die Wirtin, die hinter dem Tresen hantiert, eröffnet uns lapidar, dass sie grundsätzlich keine Zimmer mehr vermiete. In unseren Ohren klingt die Auskunft wie ein billiger Scherz.

Spontan entwerfen wir einen bis dato nicht vorgesehenen Plan C, der schleunigst zur Umsetzung gelangt: Wir gehen im Eiltempo zum Bahnhof, um in die nächstgelegene Stadt zu fahren.

Am Ende der Bahnhofstraße befindet sich rechter Hand die Gastronomie *Kalimera*. Vielleicht können wir dort übernachten? Mit einem Überbleibsel an Optimismus wage ich einen allerletzten Versuch. Ich trete ins Haus und frage nach. »Logieren leider nicht möglich«, gibt mir ein Kellner zu verstehen. Zum Trost trinken wir auf der Terrasse unser Tagelöhnerbier, ehe wir den letzten Zug nach Crailsheim nehmen. Er fährt um 20.07 Uhr ab, quasi am helllichten Tag.

Traumhaftes Ende einer Odyssee

Unsere Eindrücke von der Kleinstadt sind ernüchternd: *Bayerischer Hof* geschlossen; *Schwarzer Bock* geschlossen. Abweisend präsentiert sich auch das Hotel *Drei König* an der Wilhelmstraße: Der schummrige Eingang mit einer Glastür zu einem stockdunklen Raum stiftet wenig Zuversicht. Wir versuchen es trotzdem, klingeln und werden eingelassen.

Ein unbeleuchteter, schmaler Gang, den wir entlang tappen, macht bald eine Neunzig-Grad-Kurve nach links und führt uns, so scheint es, hinein in ein finsteres Verlies. Ein muffiger Geruch liegt in der Luft. Nichts deutet hier auf einen seriösen Hotelbetrieb hin.

Für einige Sekunden stehen wir allein vor der Rezeption. Plötzlich betritt eine mysteriöse Gestalt den Raum. Ihr langes Haar ist zerzaust, so als hätten wir sie aus dem Bett geläutet. Ihr erschrockener Gesichtsausdruck spiegelt einen womöglich vom Abendwein unklaren Geist wider. Die gesamte Erscheinung taugt spontan für die Assoziation von einem zweifelhaften Wesen. Zu Unrecht, wie sich herausstellen soll, sobald die ersten Worte gesprochen sind.

Unser Gegenüber entlarvt sich als eine tüchtige Geschäftsfrau, die trotz vorgerückter Stunde gern ein Appartement an uns vermietet. Für vierundneunzig Euro dürfen wir unsere Beine im Doppelzimmer hochlegen. Endlich hat unsere Odyssee ein Ende! Nun ja, noch nicht ganz.

Ein letztes Mal müssen wir uns gedulden, denn die Dame sattelt auf unser absolviertes Marathonpensum eine klitzekleine Zugabe drauf. Unser Zimmer befindet sich nämlich außerhalb dieses Gebäudes. Einige Blocks sind zu umgehen, ehe wir in die ebenso dunkle wie verlassene Parallelstraße gelangen, an der sich eine Zeile recht neuer Häuser entlang reiht.

Über Treppen und einen Außengang erreichen wir im ersten Stock unser Appartement. Traumhafter als an anderen Tagen fühlt es sich an, als wir in unserem nächtlichen Reich angekommen sind.

Der Beleuchtungsmechanismus ist noch ungewohnt für uns. Um ihn zu aktivieren, stecken wir einen Gegenstand im Bankkartenformat in ein Kästchen neben dem Eingang. Erst jetzt lassen sich die Lichter einschalten. Nur das Dielenlicht funktioniert unabhängig vom Freischaltmechanismus. Es geht an, wenn ein Bewegungsmelder Aktivität registriert, und nach einer bestimmten Zeit automatisch aus.

Prompt ist es zappenduster. Für einen Augenblick, der deutlich länger dauert als unter taghellen Umständen, sind wir in Dunkelheit gefangen. Noch dazu in einer wildfremden Wohnung, von deren Raumaufteilung wir keinen Schimmer haben. Dass wir in Finsternis geworfen sind, ohne sofort zu realisieren warum, löst ein unheimliches Gefühl aus, das im Schein des Lampenlichts geschwind verfliegt.

Vom Flur führt eine Tür ins Bad, durch eine andere betreten wir ein sehr großes Schlafzimmer, von dem aus ein zweiter, kleinerer Schlafraum zugänglich ist.

Kulisse, die vorüberzieht

Am nächsten Morgen fahren wir nach Blaufelden zurück. Wir hatten erwogen, schon in Rot am See auszusteigen und uns von dort dem Steig zu nähern oder die Etappe von Blaufelden nach Kirchberg ganz zu überspringen. Was für ein Glück, dass wir uns anders entschieden! Impressionen, die mental sehr rentabel sind, wären uns am dritten Tag entgangen, an dem sich der Blaubach und die Brettach als berauschend-glitzernde Juwelen erweisen. Liebhaber von romantischen Tälern kommen auf ihre Kosten.

Als wir vor der Brücke in die Blaubachstraße einbiegen, fährt uns ein Radfahrer quasi über den Weg. Der Herr in gesetztem Alter hält an und erkundigt sich nach unserer Tour. Den Kocher-Jagst-Steig kennt er wie seine Westentasche, da er selbst an dessen Entstehung mitgewirkt habe, wie er uns erzählt.

Dem Einsatz dieses Mannes verdanken wir es, dass die Route so gut markiert und beschrieben ist. Mit einem Zählrad hat er sie vom ersten bis zum letzten Meter abgeschritten. Jede Teilstrecke hat er abgemessen und notiert, wie viele Kilometer über Hartbeläge, Pfade und unbefestigte Wege verlaufen. Die drei Prozentwerte sind bei jeder Etappe im Büchlein angegeben. Solche Informationen sind freilich ein Luxus, auf den niemand Anspruch erheben darf. Umso großartiger finden wir diesen Service.

Hin und wieder ist die Bodenbeschaffenheit nicht eindeutig zuordenbar. Bei manchen Abschnitten darf man sich fragen, ob sie als *Wanderpfad* oder als *Wanderweg* besser kategorisiert sind. Die Antwort hängt mitunter von äußeren Faktoren ab. Ausgetrocknete Feldwege etwa können die Haptik eines Hartbelags aufweisen. Zu zahllose Schönheiten in puncto Natur und Baukunst säumen den Weg – oder Pfad? –, als dass wir auf die absurde Idee kämen, die Angaben zu überprüfen und Meter für Meter nachzuzählen.

An der Albvereinshütte begegnen wir jenem Steigmacher noch einmal. Der Mann kümmert sich nebenbei um das Klubhaus, das an sommerlichen Sonn- und Feiertagen bewirtschaftet ist.

Wir steigen ins Blaubachtal hinab und freuen uns auf ein reizendes Pfadstück am Wasser. Steintritte trennen uns sogar kurzzeitig vom Ufer. Sie weisen uns den Weg mitten durchs Nass und lassen uns ganz intim mit ihm werden. Nur ein Bad könnte unsere innige Beziehung zum Bach jetzt noch steigern.

Der Blaubachsee, in den er mündet, lädt zu einer Umrundung ein. Ein paar Angler gehen in sengender

Hitze ihrem Hobby nach. Ob sie so kauzig-verschroben sind, wie man sie sich klischeehaft vorstellt? Wir lassen sie rechts liegen, laufen unterhalb des Staudamms vorbei, bevor wir der Senke mitsamt dem See den Rücken zukehren. Durchs Gehölz wandern wir weiter nach Amlishagen.

Touristen erliegen häufig dem Drang, jede Sehenswürdigkeit von innen zu betrachten. Jede Kirche, jede Burg und meist noch ungewollter jedes Museum wird abgeklappert und in einer Liste der Reisepflichten abgehakt. Würden wir unserem Empfinden bisweilen nicht eher gerecht, wenn wir manche Besonderheit im Vorbeigehen wahrnähmen?

Da unsere Zeit knapp ist, schalten wir nicht für jede Wegranderscheinung in den Besichtigungsmodus um. Bei Amlishagen verzichten wir auf einen Abstecher zur Burg, zum Schloss und zur Pfarrkirche. Wir bleiben auf Distanz und gehen unseres Wegs. So gemächlich, wie wir uns den lokalen Visitenkarten nähern, bewegen wir uns von ihnen weg. Aus vielerlei Blickwinkeln lassen wir die Silhouette auf uns wirken. Eine scharfe Zäsur aber bleibt aus. Alles ist Kulisse, die vorüberzieht.

Pyramiden im Nadelkleid

Ein steiler Weg lenkt uns ins nächste Tal hinab. Auch die Brettach lässt uns ganz nah an sich heran *(8)*, ehe sie uns ab dem Bachübergang dauerhaft auf Abstand hält. Wir folgen immerzu einem Hangpfad, bis wir an seinem Ende abermals auf einen Stausee stoßen.

In Heroldhausen haben wir uns ein Zwischenziel ausgesucht, von dem wir uns eine erbauliche Wirkung erhoffen. Das Gasthaus Abraxa ist im Führer erwähnt, hat nur leider zu dieser Stunde geschlossen. Offiziell, doch eine Nachbarin, die uns sieht, ist eifrig genug, nach der Inhaberin des Lokals zu rufen.

Zu essen gebe es nichts, ein Getränk aber hätten sie immer übrig für müde Wanderer, wird uns in aller Gastlichkeit offenbart, denn durstig ließen sie hier keinen vorübergehen.

So frönen wir im Schatten von Gartengewächs dem Kaffee und Bier, indessen uns die Wirtin etwas über ihr Leben, die jüngst eröffnete Ferienwohnung und auch davon erzählt, wie das Gasthaus zu seinem Namen kam. Der leite sich von dem Raben Abraxas aus Ottfried Preußlers Buch *Die kleine Hexe* ab.

Angespornt von dem Wunsch, Gästen aus nah und fern einen erholsamen und komfortablen Aufenthalt zu ermöglichen, haben sie und ihr Mann mit viel Herzblut eine heimelige und gar nicht alltägliche Ferienwohnung eingerichtet. Mit ihrer Textagentur prägt die Dame des Hauses zudem das Bild Kirchbergs in der Öffentlichkeit mit. Wir sind gespannt, mit welcher

Miene uns das Städtchen empfangen wird, wo ein morgens telefonisch gebuchtes Privatzimmer auf uns wartet.

8

Auf einem blendend hellen Forstweg wandern wir auf ein Ensemble kapitaler Riesen-Mammutbäume zu *(9)*. Die kegeligen Pyramiden im Nadelkleid zeichnet ein ebenmäßiger Wuchs aus. Sanft stechen ihre Spitzen in den klaren Azur, ein stumpferes Exemplar kitzelt ihn nur.

Was die Holztitanen der Art *Sequoiadendron giganteum* hierher verschlagen hat, steht auf einem eigenen Blatt.

Auf einer Holztafel ist ihre Entwicklungsgeschichte nachlesbar.

Dass die *Wellingtonien,* wie sie auch heißen, zur Familie der Zypressengewächse zählen, dürfte der einen oder dem anderen bekannt sein. Dass der legendäre Cherokee-Indianer Sequo Yah seiner Größe wegen für ihre Benennung Pate stand, vermutlich weniger, und was sie fernab ihrer kalifornischen Heimat verloren haben, bedarf aus unserer Sicht einer ausführlichen Erklärung.

König Wilhelm I. von Württemberg ließ im Jahr 1864 Samen der exotischen Baumart aus Nordamerika beziehen, denn dort, genauer an den Westhängen der Sierra Nevada, liegt das Ursprungsgebiet des Riesen-Mammutbaums. Bei der Ordermenge hat man sich am Hof jedoch reichlich verschätzt. Ein ganzes Pfund wurde bestellt, was einem auf Anhieb nicht zu viel erscheint, da eine so hohe und massige Pflanze der Logik nach überdurchschnittlich großen Saatkörnern entsprießen sollte. Dass diese im Gegenteil zu den kleinsten im Reich der Bäume gehören, wusste man in der königlichen Gartendirektion seinerzeit nicht. Eines Besseren belehrt wurde sie erst, als die Lieferung eintraf und rund einhunderttausend Samen einer Nutzung, sprich dem Erdboden zuzuführen waren.

Im Kalthaus der *Wilhelma,* des zoologisch-botanischen Gartens in Stuttgart, säte man sie aus. Die ein- bis zweijährigen Jungbäume wurden verschult und ab 1870 auf ihre endgültigen Standorte verpflanzt. Von dieser ersten Aussaat existierten 1987 noch hundertsechs Exemplare, wovon ein paar entlang dieses Trails zu bestaunen sind.

Vor der letzten Eiszeit gediehen Mammutbäume in Europa übrigens von Natur aus. Als Pioniere ihrer Wiedereinführung gelten die Briten. Sie verhalfen dem Giganten zur Rückkehr in die alte Welt und einem Neuanfang in englischen Parks. Dem Beispiel der Krone folgten ab 1860 auch deutsche Länder.

Das rötliche Holz ist weich und elastisch und dank des Gerbstoffs Tannin, der Fäulnis hemmt, sehr witterungsbeständig. Die über fünfzig Zentimeter dicke, tief gefurchte Rinde mit ihren schmalen Längsrippen wirkt wie ein Hitzeschild. Sie wappnet den Baum gegen Waldbrände, zu denen es in Kalifornien häufiger kommt.

Tausende Jahre kann ein solcher Baum überleben. Optisch macht er dabei nicht erst im fortgeschrittenen Alter etwas her. So mächtig und langlebig, wie er sich gibt, stellt er alle anderen Arten in den Schatten. Die Mammutbäume Deutschlands sind maximal hundertfünfzig Jahre alt. Kleinkinder, verglichen mit dem ältesten Exemplar auf dem Globus, das auf sage und schreibe dreieinhalbtausend Jahre zurückblicken kann. Über elf Meter Basisdurchmesser und vierundachtzig Meter Höhe küren den *General Sherman Tree* im *Sequoia National Park* zum voluminösesten Baum der Erde.

Die Sterne flackern hören

Es hat etwas für sich, vom ersten Schritt an zu wissen, dass es bei zwanzig Etappenkilometern bleiben wird und unsere Beine zur Abwechslung keine Überstunden leisten müssen. Unkompliziert ein Quartier zu organisieren ist ganz im Sinne des Wanderers. Danke an Frau Herchenröder vom Esbachweg. Dass wir für zweiundzwanzig Euro so freundlich in ihrem Familienhaus aufgenommen werden, rundet diesen Tag ab.

Ein sehr verträumtes Gesicht ist es, mit dem uns Kirchberg von Beginn an anlächelt. Das *Städtchen,* von dem hier, wen immer man fragt, die Rede ist, liegt oberhalb des Tals auf einem Sporn. An dessen Fußkante hat sich das Kirchberg der Jetztzeit angesiedelt.

Vom neuen Ortsteil ins Städtchen hinaufzusteigen, mutet wie eine Reise in vergangene Jahrhunderte an. Auf dem Fußweg gehen wir an uralten Häusern vorbei und spähen in natürlich-wilde Gärtlein.

Normalerweise sind Ortszentren mit Geschäftigkeit und regem Kraftverkehr gekoppelt, kurzum mit einer Flut an Reizen, die auf uns Menschen einströmen. Selbiges für Kirchberg anzunehmen, wäre ein Trugschluss. Wir sind positiv überrascht.

Abends tafeln wir stilvoll im Turmrestaurant, das dem mittelalterlichen Bauwerk angemessen *La Torre* heißt. Auf zwei Etagen des fünfundvierzig Meter hohen Rundbaus und Wahrzeichens werden Gäste in eigenwilligen Stuben bedient. Mediterran gesättigt spazieren wir durch den oberen Ort.

Auf Gassen, denen das Flair von einem vagen Anno-dazumal eigen ist, stoßen wir bis ins geschichtsträchtige Herz der Stadt vor. Die aus dem vierzehnten Jahrhundert stammende Burg war im sechzehnten Jahrhundert zum Renaissanceschloss umgebaut worden, das im achtzehnten Jahrhundert seine barocke Ausgestaltung erfuhr. Wo einst die Fürsten von Hohenlohe-Kirchberg residierten, dürfen jetzt betagte Herrschaften ihren Lebensabend verbringen.

Es ist Freitagabend, aber totenstill im lieblichen Städtchen. Fast möchte man meinen, die Sterne flackern zu hören. Für lärmgeprüfte Metropolregionsbewohner ist das Bummeln hoch über der Jagst eine echte Wohltat. So ähnlich würde sie uns allenfalls auf alpinen Bergeshöhen zuteil.

Völlig ungestört lassen wir die Oase auf uns wirken. Wir lauschen ihrer urbanen Ausnahmeakustik, der baren Geräuschlosigkeit. Mehrere Wegwindungen lang. Dann nehmen wir den Steig zurück ins Tal.

Wieder passieren wir jene greisen Häuschen mit ihren berankten Fassaden und den bunt wuchernden Gärten *(10)*. Unten an der Durchgangsstraße endet unsere Zeitwanderung. Wir sind im Dorfambiente des einundzwanzigsten Jahrhunderts angekommen.

Tags darauf soll sich bestätigen, was uns die Vorabendlektüre versprach. Wir erhaschen die schönste Ansicht von Kirchberg: Hinter weiß und rosé blühenden Obstbäumen, maigrünen Getreideäckern und in Blüte stehenden Rapsfeldern erhebt sich das Städtchen mit seinem von der Morgensonne gebleichten Mauerwerk. Der schlanke Turm mit dem roten Kegeldach ragt aus allem heraus.

Ein winziges Detail haucht dieser Szenerie Lebendigkeit ein. Als hätte es das Tourismusamt eigens für uns arrangiert, umkreist ein Vogel mit weiten Schwingen die goldene Turmspitze. Um vollends einem Märchenzauber zu entsprechen, müsste es ein Turmfalke sein, der uns mit kraftvollen Flügelschlägen aus dem Hoheitsgebiet ritterlicher Burgherren hinauswinkt. Mit solchen verdächtig puren Bilderbucheindrücken prägt sich Kirchberg in unser Gedächtnis ein.

Am vierten Tag können wir erstmals beobachten, dass sich auch andere Artgenossen per pedes durchs Hohenloher Land bewegen. Samstagsausflügler lassen sich im Jagsttal, plattitüdenhaft ausgedrückt, die ersehnte Wochenendruhe angedeihen. Sie profitieren von den Vorzügen eines Naherholungsgebiets, um das sie der eine oder andere Ballungsraum zu Recht beneiden dürfte.

Wir schleichen über aschfahle Läufer aus Laubschnipseln. Unsere Hosenbeine streifen an den Blattlanzetten eines Bärlauchfeldes entlang. Das intensivwürzige Kraut hat Konjunktur, doch kündigen weiße Blütenstände schon ihren Niedergang an.

Wohl aus reiner Menschenliebe hat eine knorrige Weide ihren Hauptstamm waagrecht über den Fluss gebeugt. Dem selbstlosen Entgegenkommen verdankt mein Hosenboden einen ergonomisch geformten Sitz, auf dem sich kommod der kernige Inhalt eines Nusstütchens schnabulieren lässt.

Die größte Wandergruppe läuft uns zwischen Wollmershausen und Burleswagen entgegen. Als reizvollsten Part des gesamten Steigs hat jener Wegewart in Blaufelden diesen Abschnitt beworben. Der urtümliche Gang birgt erfrischende wie animierende Momente. Bemooste Felsen und Äste, Totholz, von dem jedes Trumm für sich ein Universum für Klein- und Kleinstlebewesen verkörpert *(11)*.

Der Pfad fördert den hautnahen Kontakt mit dem Fluss. Wie gern hätten wir an dem stimmungsvollen Mikrokosmos festgehalten, doch so rasch wie das per Hand geschöpfte Wasser durch unsere Finger rinnt, ziehen die Wegmeter unter unseren Sohlen vorüber. Ehe man sichs versieht, reißt uns ein steiler Treppenaufschwung aus dem Ufertraum heraus. Die Jagst ist fürs Erste passé.

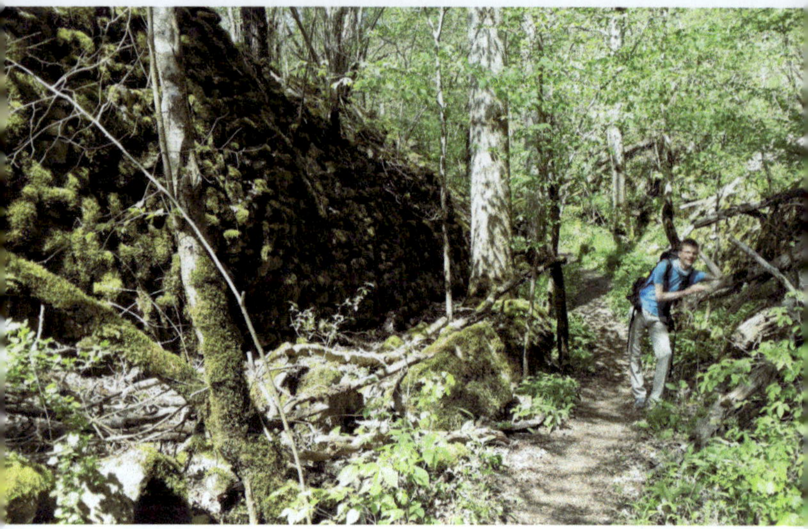

11

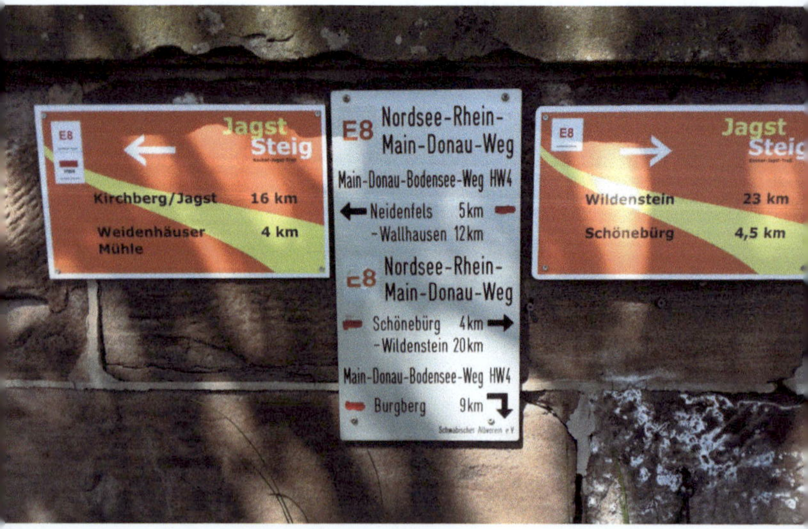
E8
Jagst
Steig
Kirchberg/Jagst 16 km
Weidenhäuser Mühle 4 km
E8 Nordsee-Rhein-Main-Donau-Weg
Main-Donau-Bodensee-Weg HW4
Neidenfels 5km
-Wallhausen 12km
E8 Nordsee-Rhein-Main-Donau-Weg
Schönebürg 4km
-Wildenstein 20km
Main-Donau-Bodensee-Weg HW4
Burgberg 9km
Schwäbischer Albverein e.V.
E8
Jagst
Steig
Wildenstein 23 km
Schönebürg 4,5 km

12

Eine Zone, prallvoll mit Reizen

Die markierte Linie wendet sich vom Tal ab und verläuft fortan über landwirtschaftlich genutztes Kulturland, und das kilometerweit. Darum wollen wir den hufeisenförmigen Abstecher zur Weidenhäuser Mühle nicht auslassen, obgleich die gerade Abkürzung verlockend ist. Er lohnt sich.

Insgesamt merkt man dem Steig an, dass er von Ortskundigen ersonnen wurde. Von Leuten, die mit den Bedürfnissen der wandernden Zunft vertraut sind und wissen, wo das Hohenloher Land diese am besten befriedigt. Manche Geheimwinkel ließe er andernfalls links liegen. Seinen Begehern bliebe bestimmt auch die historische Mühle verborgen.

Wir erleben den bisher wärmsten Tag. Das Klima ist von Etappe zu Etappe sommerlicher geworden. Am Stadtrand von Crailsheim, neben dem Friedhofstor, lässt sich Horst auf einer Holzbank nieder. Er soll sich erholen, während ich einen Ausflug zum Bahnhof unternehme, um uns Fahrkarten für die morgige Heimfahrt zu besorgen. Ich frage mehrere Verbindungen ab und kann uns für rund fünfundvierzig Euro ein Ticket mit ICE-Zugbindung ab Ulm sichern.

Auf dem Rückweg begebe ich mich in einen Mikrokosmos ganz anderer Art. Ein Schlenker führt mich in den Drogeriemarkt, einen prall gefüllten Raum voller Reize. Genauer gesagt eine Filiale jener Kette, die in ihren Läden mit Glanz und Licht am allerwenigsten geizt. Alles spiegelt und glänzt, und ein penetranter

Geruch durchflutet den Raum. Eine Melange aus hunderterlei Düften, ausgesendet von Seifen, Parfums und all den anderen olfaktorischen Verführern.

Fortwährendes Gedudel soll die Kauflaune heben, verheißt ein altbackener Marketingtrick, der bei den einen mehr, bei anderen schon lange nicht mehr funktioniert. Lautsprecher anstelle von hornigen Vogelschnäbeln trällern Lied für Lied unverständlich vor sich hin. Eines haben beide Schallquellen gemein: Für zweibeinige Zuhörer bleiben sie häufig unsichtbar.

Atmosphärisch steht die Konsumwelt im Widerspruch zur Natur. Dabei ist jene hochgeehrte Natur in unseren Breiten wohl nirgends so unverfälscht, wie es uns abgedroschene Phrasen vorgaukeln. Was uns vorkommt wie *unberührte* Natur, ist großteils das Ergebnis von Eingriffen, die Menschen über Jahrhunderte hinweg vorgenommen haben.

Sich als Jäger und Sammler über Wasser zu halten, wie es in grauer Vorzeit üblich war, ist gewiss kein Zuckerschlecken. Doch selbst in einer Welt der materiellen Rundumversorgung kann es beschwerlicher sein, an Nüsse und Wasser zu gelangen, als von A nach B zu laufen, obgleich auf andere Weise. Gang für Gang suche ich nach Objekten ab, die in mein Beuteschema passen – und werde endlich fündig.

Nachdem ich mir einen kleinen Vorrat angelegt habe, verlasse ich diese Zone überbordenden Scheins, die Futterkrippe, Tränke und überdies ein Schlaraffenland mit allerlei nützlichen und überflüssigen Dingen ist. Unverzüglich lasse ich auch den Stadtraum hinter mir.

Crailsheim wird vom Trail nur gestreift. Vom Treiben und tristen Verkehr einer Kleinstadt bleibt er weitgehend verschont. Zurück am Friedhofstor lese ich einen ausgeruhten Horst auf. Er hatte es sich für ein Nickerchen bequem gemacht auf jener Bank neben dem Totenhain *(12)*.

Monotonie und ein Hauch kalifornischer Exotik

Ist der Friedhof passiert und die Bundesstraße überquert, geht es hinauf auf den Kreckelberg zum Wilhelmshöhe genannten Aussichtsplateau. Außer Ansichten von der Stadt wartet ein Zoo auf seine Besichtigung. Zur Schau gestellte Tiere haschen nach Zuwendung, ihre farbenprächtigen Gefieder ernten Bewunderung.

Eine grün und golden schimmernde Federzeichnung ist mit blau irisierenden Augen durchsetzt. Dutzende davon glotzen uns gleichzeitig an. Der Blaue Pfau, der sie sein Eigen nennt, sitzt so reglos in einer Steinschüssel, als sei er in Porzellan gegossen. So bewegungslos hockt er da, als habe man ihn als Dauerattraktion in dem Gefäß eingepflanzt, ja als sei er gar in der Erde verwurzelt. Seine entzückende Pose im prachtvollen Kleid befördert ihn allseitig zur schillernden Figur *(13)*.

13

Eine geologische Pyramide macht interessierte Betrachter mit den Gesteinsarten der Gegend bekannt. Das originelle Anschauungsobjekt geht auf Richard Blezinger zurück. Von Berufs wegen Apotheker sammelte er in seiner Freizeit Fossilien. Dabei brachte er bedeutende Funde zutage.

»Wandern Sie?«, werden wir von einem Punk der Postmoderne gefragt. Lippen und andere Partien seines Gesichts sind mit Piercings ausstaffiert. Sie sollen es schmücken und können im geschmacklosen Übermaß durchaus das Gegenteil bewirken.

Mit seinem Kumpel sitzt der junge Mann auf einer Bank mit Stadtblick. Den Griff nach der Bierflasche ziehen die zwei in dieser Nachmittagsstunde dem Gehen vor. Was das Wandern betrifft, weiß der Wortführer ohnehin bestens Bescheid. Beinah im selben Atemzug stellt er halb fragend fest: »Is' anstrengend.?«

Anstrengend kann es werden, wenn der Weg partout nicht enden will. Wir wandern weiter auf der Hochebene und frönen einer ungewohnten Fernsicht. Am Horizont sind Höhenzüge der Schwäbischen Alb aufgereiht.

Auf der Schönebürg oder vielmehr dem Gelände, wo Wall- und Grabenreste eine keltische Fliehburg aus der Hallstattzeit andeuten, fordert uns ein Plätzchen zum Pausieren auf. Eine waldgesäumte Anlage auf der Crailsheimer Hart lädt zum Grillen und Feiern, Kinder zum Spielen und alle zum Relaxen ein. Hier wie anderswo streuen Riesen-Mammutbäume einen Hauch kalifornischer Exotik ins Hohenloher Land.

Auf Forstwegen zu gehen ist auf Dauer langatmig, zumal sich die Landschaft über weite Strecken gleicht. Wer bereits fünfundzwanzig Kilometer hinter sich gebracht hat, will seinen Füßen so ein ausuferndes Zuviel ersparen. Vom zu lang geratenen Weg würden wir, wenn wir könnten, gern ein Stück abschneiden.

Der an einem Baum angebrachte Hinweis auf die Europäische Wasserscheide zwischen Donau und Rhein ist nur ein informativer Moment in der Monotonie ermüdender Waldschneisen. Erleichtert sind wir, als wir durch lückige Baumkronen das Gasthaus Neuhaus erspähen.

Die Situation vor Ort stellt sich anders dar, als wir sie uns ausgemalt haben. Der Wirtsgarten mit alten Kastanienbäumen ist trotz Frühlingswärme verwaist, was uns nicht verwundert, da er, nur durch Laubwerk gedämmt, an eine Schnellstraße grenzt. Schade, wie wir finden. Dem gewachsenen Ensemble mit dem Gasthaus, besagtem Wirtsgarten und einem historischen Nebengebäude stünde ein leiseres Umfeld um Einiges ästhetischer zu Gesicht.

Allerdings gäbe es diesen Einkehrort nicht, hätte nicht anno dazumal für die Fuhrleute auf dem Weg vom bayerischen Dinkelsbühl ins württembergische Crailsheim Bedarf an einer Rast bestanden. Bloß haben sich mit den Zeiten eben auch die ›Fuhrwerke‹ gewandelt. Wanderer, Radfahrer und motorisierte Ausflügler haben die Fuhrleute von einst abgelöst. Unseren Ankunftstrunk aus dem Weißbierglas kann uns aber kein noch so rasender Passant vermiesen.

Das Gästehaus versetzt uns um wenigstens ein Jahrhundert zurück. Der Klinkerbau mit Zwerchhaus duckt sich hinter groß gewordenen Bäumen und vermittelt uns das Gefühl, in einer altmodischen Bleibe zu sein. Ein Gefühl, das heute keiner mit uns teilen will. Als einzige bleiben wir über Nacht, dabei ist Samstag, die Gasträume sind gut besetzt.

Auch wir wollen die Verlangen unserer Gaumen stillen und wählen aus dem ansprechenden Speiseangebot, zu dem ein beachtliches Salatbuffet gehört. Dem

Vitamin- und Ballaststoffteller folgt eine Forelle mit Kartoffeln in meinen Schlund, und da die Bedienung im Gästeansturm meine Vorspeise vergaß, all dem das Spargelcremesüppchen hinterher. Mit zufriedenen Mägen ziehen wir uns in unseren altehrwürdigen Interimsbau zurück.

Durch das Gästehaus weht ein Flair aus vorindustrieller Zeit. Eine gereifte Seele ruht in diesen Mauern, an der es modernen Bettenburgen mangelt. Alles in diesen ist neu, vieles wirkt steril, und mit etwas Glück ist ein WLAN vorhanden, das die Geduld der Gäste nicht überstrapaziert. Für jeglichen Komfort ist gesorgt. Dem Wesentlichen aber, das den Gast heimisch fühlen lässt, spürt man in solchen Bunkern vergebens nach.

Bei aller Wertschätzung für die Annehmlichkeiten unserer Zeit ist eine Art behütender Geist fürs Wohlbehagen ebenso wichtig. Vielleicht ist dem Feinstofflichen mehr Bedeutung beizumessen als der nüchtern-sachlichen Frage, ob das Zimmer ein eigenes Bad hat oder sich die Toilette und Dusche am Gang befinden.

Dieses Haus hat Seele, die Zimmer dafür kein eigenes Bad. Das kleine WC und die Duschkammer sind über den knarzenden Holzdielenboden erreichbar, der die Ära der Fuhrwerke klanglich ins Jetzt herholt.

Für eine Errungenschaft der Moderne sind allerdings auch wir besonders dankbar. Lärmschutzfenster schirmen lästigen Straßensound ab, sodass uns seine Nähe kaum zu beeinträchtigen vermag.

Wir sind die Fremden

Der Morgen grüßt uns mit greller Wucht. Vom Parterre bis unters Dach ist das Treppenhaus lichtdurchflutet. Wie frisch gestrichen glänzt das weiße Mauerwerk, Balken leuchten in betagtem Braun. Den Staub von vorgestern haben die Strahlen der Frühsonne förmlich aufgesaugt.

Am fünften und vorerst letzten Tag unserer Hohenlohe-Tour wandern wir nach Wildenstein. Von dort wollen wir mit dem Bus nach Crailsheim fahren und mit der Bahn weiter nach München reisen.

Auch diese Etappe wird zum Charmeur. Tälchen und Bäche schaffen ein Relief, dessen Beschwingtheit sich eins zu eins auf den Steig überträgt. In natura wie auf der Karte schlägt sie sich in einem Schlingerkurs nieder, sympathisch und abwechslungsreich.

Hinter Mistlau tastet sich die markierte Spur erhöht am Waldrand entlang. Eine dürre Kontur, so kreidebleich wie die Zeichnung eines Rockabrunders, leitet uns durch wadenbeinhohes Gras.

Mit jedem Tritt leisten wir dem Trampelpfad Vorschub. So wie es die Sohlen aller Fußgänger tun, bis selbst die robustesten Stängel eines Jahrgangs zu schwach sein werden, um sich gegen ledern-synthetische Stiefel aufzubäumen. Zu kraftlos, um deren niederschmetternde Angriffe abzuwehren. Zu zertreten, um nach erlittener Niederlage wieder aufzustehen. Es ist das gängige Schicksal, das die Vegetation ereilt, damit ein neuer Pfad entstehen kann.

Wir überschauen die sattgrünen Wiesenhänge beiderseits des Reiglersbachs. Obstbäume stecken wie mit dem Lineal gezogene Linien ab und werfen Schattenkegel aufs behalmte Terrain *(14)*.

Flüchtig nehmen wir die tiefer gelegene Sixenmühle wahr. Durch die Talsenke hindurch wechseln wir auf die andere Seite, wo wir zwischen Dickicht und hölzernen Säulen verschwinden. Das Reich der Stämme hat uns wieder. Es umfasst und umhegt uns, verleibt sich uns ein. Als uns das Wäldchen freilässt, ist Großenhub in Sichtweite.

Wir stapfen durch ein Feld hoher Gräser und überqueren den Zufluss eines Weihers. In glasigem Olivgrün schwankt die Matte unter dem Steg *(15)*. Geschickt weiß sie uns mit allerlei blättrigem Schmuck für eine Uferpause zu bannen.

Der nachfolgenden Forstpassage schließt sich eine Erfahrung an, die im Gewebe der bundesdeutschen Verkehrswege unumgänglich ist. So ausgeklügelt kann eine Wanderroute gar nicht sein, als dass sie dem engmaschigen Fernstraßennetz entkommen könnte.

Die nahende A sieben wird zur eindringlichen Prüfung. Taktlos bestimmt sie den Ton unseres Wegs, ehe locker gruppierte Weiher einen malerischen Abschluss für uns gestalten.

Unser kleines Krönungsmahl findet im Gasthaus Zum Lamm statt, bei Spargel, Kartoffeln und wie so oft in diesen Tagen einem vielfältigen Salatbuffet. Die Krone setzt das Mahl weniger uns als dem Trail auf. Als Lob für all das, was er uns auf gut seiner ersten

Hälfte geboten hat. Für jeden vergnüglichen Meter, für jede Impression.

Bis der Bus abfährt, bleibt uns noch eine halbe Stunde Zeit. Vor dem *Hirschen,* der zweiten Wirtschaft im Ort, lassen wir unseren ländlichen Streifzug bei Kuchen und Cappuccino ausklingen.

An den Tischen im Außenbereich kennt man sich, und für die versammelte Gemeinde sind *wir* die Fremden. Ohne darum gebeten zu haben, bekommen wir mit einem Ohr Einblick in das, was bei den Dorfbewohnern gerade Gesprächsthema ist: ›Wer mit wem‹, ›Wer wann was‹ und ›Wer wo warum‹. Solche und andere Fragewortkombinationen bilden das Gerüst für die mannigfachen Erzählungen, welche in Wildenstein wie wohl in allen Orten der Welt als Tratschthemen die Runde machen.

14

15

Im Mai 2017 brechen wir zum zweiten Mal ins Hohenloher Land auf. Wir steuern unser Expeditionsgelände diesmal indirekt an und fahren mit dem Zug und dem Bus nach Dinkelsbühl. Nach einer Nacht in der mittelfränkischen Kreisstadt wollen wir uns auf Schusters Rappen dem Kocher-Jagst-Trail nähern.

Die vormalige Reichsstadt präsentiert sich so eindrucksvoll wie Rothenburg ob der Tauber oder Nördlingen. Die umlaufende Stadtmauer mit beinahe zwanzig Türmen ist ein Merkmal mit Seltenheitswert. Auf zweieinhalb Kilometern zieht sie eine Kontur der Kontraste: Die mit Tradition und Geschichte aufgeladene Altstadt zentriert sich auf der einen Seite, eine Neustadt mit Allerweltsphänomenen breitet sich auf der anderen aus.

Neustädte kennt ein jeder zuhauf. Frau wie man hat ihrer zahllose gesehen. Viele Besucher dürften wie wir selbst in einer leben. Ohne zu zögern kehren wir der hiesigen Version daher den Rücken. Lieber bringen wir die Stunden, die uns in Dinkelsbühl vergönnt sind, in der denkmalgeschützten Oase zu, zumal sie ein Vorzeigebeispiel für spätmittelalterliche Stadtbilder ist.

Etwas in uns sehnt sich danach, dieser Ausnahmeerscheinung möglichst lang nahe zu sein. Es ist unsere nostalgische Seite.

Unser Quartier spielt diesem Wunsch in die Hände. Der *Dinkelsbühler Hof* liegt außerhalb der Stadtmauer rund hundert Meter vom Segringer Tor entfernt. Ein paar Dutzend Schritte nur sind es zu jener Begrenzungslinie, die ehedem mehr als heute das Draußen vom Drinnen trennte, die Dazugehörenden von den Ausgeschlossenen separierte und das Heilsein gegen den Aussatz abschottete.

Bummelnd machen wir uns mit Dinkelsbühl vertraut, visuell und zwangsläufig auch akustisch. Schilder appellieren an Verkehrsteilnehmer, diese mögen ihr Kraftfahrzeug vor den Stadttoren abstellen und sich zu Fuß ins alte Dinkelsbühl begeben. Etliche Besucher sehen jedoch über die Bitte hinweg. Sie missachten das Gebot des Respekts und überrollen die Schwelle auf einem fahrbaren Untersatz. Der Bodenbelag verstärkt das Geräusch der Reifen, sodass jedes Gefährt, das über das holprige Pflaster poltert, die Störungsintensität erhöht. Dass sich ein europäisches Kulturdenkmal nicht dazu durchringen kann, sonn- und feiertags das Befahren seines renommierten Ortskerns zu untersagen, finden wir bedauerlich.

Zum Glück gibt es nette Ecken abseits des Trubels zu entdecken. Gassen, die zum Flanieren einladen, Häuserzeilen, deren kunstvolle Bauweise eine Schau ist. Versteckt hinter Mauern tun sich da und dort anmutige Gärten auf, die über eine Handvoll Stufen zugänglich sind. Sie entziehen sich der Betriebsamkeit, wie sie auf den Hauptstraßen vorherrscht, und bilden jedes für sich ein kleines Refugium. Ortsansässige finden darin einen idealen Rückzugsort für Mußestunden im Sommer, zumal dort eine überraschende Pflanzenvielfalt gedeiht.

Das Gewimmel in Dinkelsbühl hält sich im Rahmen, obwohl heute Sonntag ist. Schon gar nicht ist es mit den Menschenmengen vergleichbar, von denen Rothenburg ob der Tauber Wochenende für Wochenende heimgesucht wird.

In Nebengassen finden sich hier und dort kleine Lokale. Fernab aller Aufgeregtheit lässt sich draußen ein Cappo oder Latte, ein Kaltgetränk oder auch eine kleine Mahlzeit zu sich nehmen. Wir gönnen uns eine Trinkpause.

Das Abendessen nehmen wir im Hotel ein: Mit der Maischolle samt Kartoffeln und Salat liegen wir für den Geschmack unserer Gaumen goldrichtig.

Als ein Standard fränkisch-schwäbischer Bewirtung schält sich das Salatbuffet heraus. Die reichhaltige Mischung mit Saisongemüsen beinhaltet dieser Tage Spargel, Rettich und Radieschen. Ganz nach Gusto kann der mündige Gast einen kunterbunten Teller kreieren, mit seinen Lieblingsfarben vorliebnehmen oder sich spartanisch mit Blattgrün, Tomatenrot oder Weißkraut begnügen.

Im Fadengeflecht der Geschichte

Das schön angerichtete Frühstück umfasst weder dunkles Brot noch Vollwertmüsli, der Kaffee besticht durch sein fades Aroma. Nüsse und Trockenfrüchte aus Einmachgläsern hingegen sind hervorragende Materialien, um den mit Wasser angerührten Getreidebrei aufzuwerten, den ich für allzu dürftige Morgentafeln dabei habe. Semmeln und das helle Brot bleiben unangetastet.

Obgleich sich die süße Idee vom Konfitürenschmaus seit Generationen hält und in unsere Köpfe eingebrannt hat, gilt sie als überholt. Auszugsmehle und raffinierte Zucker sowie die Unzahl der daraus fabrizierten Nahrungsmittel sind nicht mehr zeitgemäß. Streng genommen waren sie das noch nie, wie Dr. Max Otto Bruker schon vor mehr als sechzig Jahren zu wissen glaubte. Weiter sah der Arzt und Forscher in den chemisch aufbereiteten Ölen und Fetten sowie industriell verarbeiteten Tiererzeugnissen die Hauptursachen für ernährungsbedingte Zivilisationskrankheiten. Selbst die gemeinhin als so gesund geltenden Frucht- und Gemüsesäfte sollen zur Misere des Wohlstandskörpers beitragen.

Wer vorwiegend denaturierte Lebensmittel zu sich nimmt, riskiert einen Vitalstoffmangel, der auf Dauer Konsequenzen haben kann. Auf eine Formel gebracht: Je stärker ein Naturprodukt verändert wurde, umso weniger Nährstoffe sind darin enthalten. Bruker warb für eine biologisch vollwertige Gesamtkost mit dem Frischkornbrei als Kernelement. Brukers Ernährungslehre ist in dem Buch *Unsere Nahrung – unser Schicksal* dargelegt. Zum Klassiker geworden ist es nach wie vor aktuell, denn die Kluft zwischen ihren Prinzipien und der Wirklichkeit auf den Tellern eines Industrielandes ist längst nicht überwunden.

Bis über Mittag hinaus bleiben wir Dinkelsbühl treu. So lange noch dürfen wir uns am historischen Spirit laben. Wir besichtigen die spätgotische Hallenkirche Sankt Georg und das Deutsche Haus, ehe uns ein Werbeplakat in die Kellergewölbe des Alten Rathauses hinabzieht, ins Haus der Geschichte.

Eine Ausstellung ist dem schwer verdaulichen Thema der Hexenverfolgungen gewidmet. Zwischen 1400 und 1700 befand sich die Welt im Umbruch. In der Rückschau ist jene Epoche mit einer hässlichen Tönung belegt. Die Schauderhaftigkeit dessen, was sich damals zutrug, strahlt bis in die Gegenwart aus.

Weil sie einen Pakt mit dem Teufel geschlossen haben sollen, wurde zahllosen Frauen der Prozess gemacht. Der berüchtigte Böse Blick konnte genügen, um ihnen zu unterstellen, dass sie andere Lebewesen schädigen oder die Kräfte der Natur beeinflussen würden. Ab dem fünfzehnten Jahrhundert kursierte die Ansicht vom Hexenflug: Hexen könnten auf Besen und anderen Gerätschaften durch die Luft reiten.

Unglück, Krankheit und Tod wurden auf vorsätzliche Schadenszauber zurückgeführt. Das Bedürfnis, Schuldige zu finden, verstärkte sich in Krisenzeiten, sei es dass eine Naturkatastrophe über ein Land hereinbrach, ein Krieg wütete oder Seuchen die Bevölkerung beutelten. Allem voran verlangte die Pest nach Sündenböcken.

Neue philosophische Ansätze, Erfindungen wie der Buchdruck und Ereignisse wie die ›Entdeckung‹ Amerikas läuteten die Neuzeit ein. Reformation und Gegenreformation verunsicherten die Menschen, deren Weltbild allmählich ins Wanken geriet. Versorgungsengpässe infolge der Kleinen Eiszeit machten das Leben teurer und erschwerten das Überleben.

All dies förderte Furcht und Aberglaube und heizte die Angst vor Hexen an. Als Gegenmittel waren Gebet und Kirchgang bewährt, doch auch mit Amuletten, Gegenzauber und Teufelsbannerei versuchte man dem ketzerischen Treiben beizukommen.

Gift für die Gesellschaft war der Malleus Maleficarum, deutsch *Hexenhammer* genannt. Das Werk des Inquisitors und Dominikanerpaters Heinrich Kramer gibt verbreiteten Vorurteilen über Hexen und Magier einen wissenschaftlichen Anstrich. 1487 ist das Handbuch für Hexenrichter erstmals erschienen. Auf der Grundlage fester Regeln wurden zwielichtige Personen systematisch verfolgt. Gläubige hatten den päpstlichen Segen, wenn sie die Obrigkeit dabei unterstützten, Hexen zu überführen. Bis ins Jahr 1669 brachte es der Hexentraktat auf achtundzwanzig Auflagen.

Frauen machten überall das Gros der Verurteilten aus. Der Männeranteil belief sich in katholisch geprägten Gebieten auf bis zu dreißig Prozent, während die ›Frauenquote‹ in reformiert-protestantischen Ländern wie den Niederlanden, Dänemark oder Schweden bis zu neunzig Prozent betrug.

Wer mit dem Leben davonkam, war meist körperlich und seelisch gezeichnet und wurde mit dem Bann belegt. Soziale Wiedereingliederung war ein Fremdwort, insbesondere in Regionen, in denen weltliche Gerichte über das Schicksal der Delinquenten befanden. Deutsche Fürsten und der Kaiser verwehrten sich dagegen, dass die Inquisition Roms die Rechtsprechung wie in Italien und Spanien an sich zog.

Mit aller Schärfe bis zum Feuertod ging Justitia gegen Menschen vor, die eines Verbrechens bezichtigt wurden: Mord, Totschlag, Räuberei, Brandstiftung und Zauberei waren gängige Tatbestände.

Das Verfahren folgte den Vorschriften der Constitutio Criminalis Carolina, die von Kaiser Karl V. verordnet worden war. Das kurz *Carolina* genannte Strafgesetzbuch aus dem Jahr 1530 bereitete den Boden für die inflationären Hexenprozesse, zu denen es zwischen 1580 und 1680 kam. Es sah gütliche Vernehmungen vor und ließ im weiteren Verlauf die ›Peinliche Befragung‹ als Instrument zu, um von den Verdächtigen ein Geständnis zu erwirken.

In Dinkelsbühl entschied der Innere Rat, ob eine Klage als Hexenfall zu behandeln war oder eher auf unbedachten Beschimpfungen von Streitparteien beruhte. Er stellte Verfahren ein, beschloss darüber, ob ein Prozess fortgesetzt werden sollte, und legte das Strafmaß fest. Bei ihrem Tun musste die gnädige Instanz stets den inneren Frieden des Gemeinwesens im Blick haben. Ihn galt es zu wahren und nicht etwa durch Fehlurteile aufs Spiel zu setzen.

Insgesamt elf Todesurteile wegen Hexerei fällte der Innere Rat in den Jahren 1613 bis 1661. Zehn davon über Frauen, eines betraf einen Mann.

Mit Ausnahme von einer Person seien die Verurteilten mit dem Schwert enthauptet worden, weiß das Stadtarchiv. Ihre Leichname wurden verbrannt.

Auf einen vergleichsweise milden Umgang durften Angeschuldigte in Italien, Spanien und Portugal hoffen, wo die Gerichtsbarkeit in geistlichen Händen lag. Stärker als an harten Bestrafungen war der Inquisition daran gelegen, die vom Weg abgekommenen Schäfchen in den Schoß der Kirche aufzunehmen.

Als Massenvernichtung des sechzehnten und siebzehnten Jahrhunderts hat sich dieses Schreckenskapitel in Europas kollektives Bewusstsein eingraviert. Die Wissenschaft beziffert die Zahl der Hinrichtungen auf dem Kontinent vorsichtig auf sechzig- bis siebzigtausend. Das sind deutlich weniger als die vermuteten neunhunderttausend, von denen man lange Zeit ausging, doch der bloße Gedanke an einen einzigen Fall ruft Entsetzen hervor.

Sich die quälenden Minuten auf einem Scheiterhaufen vorzustellen, widerstrebt dem Innersten eines Menschen. In ähnlicher Weise scheut es davor zurück, sich die endlose Weile auf einem elektrischen Stuhl auszumalen. Nachempfinden will es auch den Kampf einer im Meer ertrinkenden oder im Moor versinkenden Person nicht, ganz zu schweigen ergründen, wie es sich anfühlt, lebendig begraben, eingemauert oder, ein wenig bestialischer, von einem überlegenen Raubtier vertilgt zu werden, das einen zuvor freilich in mundgerechte Portionen zerreißt. Niemand will sich die bodenlose Lage eines Abstürzenden vor Augen führen, der dem freien Fall machtlos ausgeliefert ist. Immer rapider steuert er auf sein auswegloses Ende zu. Doch genug der gräulichen Fantasien!

Höchste Zeit, dass wir uns aus dem Fadengeflecht der finsteren Gewölbe herauswickeln und zum Tageslicht der Jetztzeit hinwenden. Was sind wir darüber erleichtert!

Eine Riesenbank für Schrumpfgermanen

Mit einem Cafébesuch am Marktplatz beschließen wir unseren Aufenthalt in Dinkelsbühl. Wir verlassen die Stadt gen Westen und wandern auf jenen Ort zu, der dem Segringer Tor seinen Namen gab.

Gleich zu Beginn stoßen wir, dem Zufall sei Dank, auf einen Wegweiser des E8. Da Wildenstein ebenfalls an diesem Europäischen Fernwanderweg liegt, bleibt uns die Aufgabe erspart, selbst nach einer eleganten Route hinüber ins Hohenloher Land zu suchen.

Die rote Markierung leitet uns über getreidebestandene Fluren und schonend, was Berührungen mit dem Verkehr anlangt, abseits der Hauptstraße zum Kocher-Jagst-Steig hin.

Schreiender könnte uns wohl nichts dazu auffordern, in Herrgotts Namen niederzusitzen, kaum dass wir eine Stunde gegangen sind. Eine knallrote Bank ist am Wegrand bildhaft gesprochen in den Wiesengrund gepflanzt. Doch nicht allein die Farbe animiert unser Gesäß, der frühen Versuchung nachzugeben. Als buchstäblich größere Attraktion stechen die ungewöhnlichen Dimensionen hervor. Der Konstrukteur muss sich an riesenhaften Wesen orientiert haben, als er das klobige Holzmöbel entwarf. Uns beide, die wir für ein Foto Platz nehmen, lässt es zwergenhaft wie Schrumpfgermanen erscheinen.

Hinter den Latten der Lehne zeichnet sich wolkenblass die Skyline von Dinkelsbühl ab. Der Grüne Turm ragt über alle Dächer hinaus. Einst Wach- und Gefängnisturm ist der hochstrebende Werksteinbau mit Gesimsgliederung besonders markant. In frühen Urkunden wird er treffend als *Luginsland* erwähnt. Barrierefrei ließe sich von seinem Kegeldach die gewellte Umgebung überfliegen und dabei von ihrem Anblick schwärmen.

Haben wir Segringen durchschritten, gelangen wir über Äcker und kurze Waldpassagen nach Wildenstein. Am späten Nachmittag erreichen wir die Ortschaft, in der wir vor einem Jahr unsere Wanderung unterbrochen und zum Ausklang von der herzhaften wie der süßen Kulinarik probiert hatten. Es ist derselbe Ort, an dem wir auf der Terrasse des *Hirschen* ein paar Wildensteiner Dorfgeschichten aufgeschnappt hatten, ehe uns der Bus nach Crailsheim beförderte, wo er uns an einen Zug übergab. Beide Gaststätten sind uns also vertraute Örtlichkeiten. Heute sollen sie dies noch ein bisschen mehr werden.

Wir quartieren uns beim *Hirschen* ein. Da die Speisekarte ausschließlich Fleischgerichte kennt, suchen wir fürs Abendessen das Gasthaus Lamm auf. Einmal mehr soll sich zeigen, dass der vegetarische Trend auf dem Land keine Selbstverständlichkeit ist.

Hier besteht die Wahl zwischen Kräuterschnitzel und Leberkäs. Wie schön, dass es dennoch eine Alternative gibt. Auf Nachfrage bekomme ich nach Salat vom Buffet einen Teller mit Kartoffeln und Gemüsen serviert. Zwei Spargelstangen setzen lang und fett saisonale Akzente. Das improvisierte Mahl beweist, dass sich für vegetarische Exoten stets eine Lösung findet. Oft liegt sie näher, als man meint.

Sound hinterm pflanzlichen Deckmantel

Schon die Startkilometer lassen uns spüren, dass wir wieder auf unserem Pfad sind. Sobald wir die gelbe, geschwungene Linie auf orangem Grund erstmals erblicken, erinnern wir uns der Dynamik, die das Leitsymbol des Jagststeigs versprüht. Im Wegverlauf spiegelt sie sich wider. Im moderaten Auf und Ab, in Kurven und Bögen.

Die Markierung führt uns hinab zu einem idyllischen Weiher. Myriaden Röhrchen im strohgelben Schilfgürtel, Teichrosen und das Gestänge grün bemäntelter Zündhölzer garnieren seine Reglosigkeit. Der Teich verweilt. Das Wasser ruht. So lange, bis sich ein Storch mit behäbigen Flügelschlägen daraus erhebt, zum anderen Ufer gleitet und zwischen Baumwipfeln entschwindet.

Der Vogel hat dem Teich Leben eingehaucht und das Wasser in Schwingung versetzt. Es ist angeregt wie wir. Spätestens jetzt stellt es sich ein, dieses spezielle Feeling, jenes ureigene Gefühl, das uns tief in unserem Innern versichert, unterwegs auf dem Kocher-Jagst-Trail zu sein.

Irgendwann geraten wir in den Dunstkreis einer Autobahn. Ein pflanzlicher Deckmantel verbirgt die Missliche vor unseren Blicken, doch ihr Sound ist untrüglich. Erst als wir sie unterquert haben und uns umdrehen, haben unsere Augen teil an ihrem zwiespältigen Dasein: Rauschhaft ist es auf der einen Seite, in Geduld übt es sich auf der anderen. In Fahrtrichtung Süden gibt es Stau. Die Lkw-Dichte ist immens.

Das enorme Verkehrsaufkommen hat über die Jahrzehnte Ausmaße angenommen, welche der Umwelt stark zusetzen und auch den Kraftfahrern schwer erträgliche Belastungen abverlangen. Im Kriechtempo ruckelt die monströse Blechschlange vorwärts, während wir allmählich Abstand gewinnen von der A sieben. So weit, bis sie außer Sicht ist. Traurig sind wir darüber nicht.

Mischwälder mit einer Vielzahl an Eichen, die kleinteilige Landschaft und auch das Überraschende an ihr sind charakteristisch für diesen Weg. Einmal treten wir aus dem Wald hinaus und haben ein planes, buschig gefasstes Wasserbett vor uns: Silbergrünes Weidenblattwerk, weiße Birkenstämme und gelb gepunktete Gräser säumen den Mühlweiher.

Förmlich mit der Natur verwachsen ist am Hochufer dahinter Burg Rechenberg angesiedelt *(16)*. Ihr schmuckes Putzgewand ist verblasst, die Ringmauer verwittert, Bewuchs quillt aus Mauerritzen. Das Gemäuer hat das Zeug dazu, jugendliche Fantasien vom rauen Ritterleben zu beflügeln.

Wie es sich für so ein Bauwerk gehört, bildet roher Stein die Grundsubstanz. Die Fassaden ziert dunkelbraunes Fachwerk. Schräg gestreifte Läden in Grau-Weiß flankieren die Fensterluken. Steile Dächer und das obligatorische Spitztürmchen formen den krönenden Abschluss. Alles ziemt sich.

Eine hölzerne Sitzgruppe ist vor diesem Hintergrund unser Lieblingsort. Die Ansicht beseelt und ist es wert, eine Zeit lang zu verweilen. Um Proviant erleichtert, gehen wir um den Weiher herum und steigen über Treppen zum Ort hinauf.

Jugendherbergen sind bisweilen in architektonisch ausgefallenen Gebäuden untergebracht, so auch hier. Heuer bleibe die Burg geschlossen, erfuhr ich vorab im Internet. Sie soll renoviert werden.

Uns hat dieser Umstand dazu veranlasst, in Wildenstein zu übernachten. Das Tagungshotel Rössle als letzte Unterkunft am Steig bis Ellwangen schied der hohen Preise wegen aus. Für Wanderer, die abends müde ankommen, essen und ein Bett wollen und am nächsten Tag weiterziehen, ist der gehobene Komfort solcher Residenzen meistens unangebracht, da er sich in der Kürze der Zeit überhaupt nicht auskosten lässt.

2018 soll wider Erwarten das Ende einer Rechenberger Ära besiegelt werden. Die Verantwortlichen fassen den Entschluss, dass die Jugendherberge nicht mehr öffnen wird. Der Aufwand wäre zu groß, um ein zu schwach besuchtes Haus in ein zeitgemäßes Quartier umzubauen. Seit 1953 konnten junge Menschen in der 1229 erstmals erwähnten und im sechzehnten Jahrhundert zu einem Fachwerkschlösschen umgebauten Burg ihre Freizeit verbringen.

Die Tatsache, dass in Baden-Württemberg binnen fünfzehn Jahren zweiundzwanzig Häuser aufgegeben wurden, lässt vermuten, dass Jugendherbergen ausgedient haben. Zumindest im ländlichen Raum dünnt das einst flächendeckende Netz mehr und mehr aus. Vom hehren Prinzip, dass zwischen zwei Häusern maximal ein Tagesmarsch liegen soll, ist das Deutsche Jugendherbergswerk (DJH) längst abgerückt.

Dabei ist die Vorstellung heute sympathischer denn je. Immerhin ließe sich damit ein freundlicher Gegenakzent zur Automobilität setzen und dem Reisen etwas von seiner ursprünglichen Eigenart zurückgeben. Die verbliebenen Herbergen befinden sich mehrheitlich in größeren Städten und beliebten Regionen. Ist eine Gegend zu unspektakulär für Touristen, trifft man immer seltener auf eine Bleibe mit jenem unverkennbaren DJH-Charme, der Jugendherbergen innewohnt und zugegeben gemischte Gefühle in uns auslöst.

Im changierenden Grün

Was nun folgt, ist ein ununterbrochen langes Waldstück. Über weite Strecken marschieren wir auf Forststraßen. Der Trott zieht sich, er wird mit jedem Schritt langwieriger.

Umso mehr gilt es, die Geistesgegenwart zu bewahren. Ansonsten könnte es uns passieren, dass uns ein Schild entgeht, welches uns von dieser Idealgeraden weglenken will. Ganz schnell ganz schön im Wald stünden wir da ohne Markierung. Nur eben wahrnehmen sollten wir sie auch.

An der Kernhütte ist ein Päuschen fällig, an der Antoniushütte ein weiteres. Eine heitere Episode reiht sich dazwischen. Wo das Labyrinth der Bäume auflockert, eröffnen sich Ausblicke über Wiesen auf Dankoltsweiler. Daraufhin schließt der Forst seine Flatterwände hinter uns. Er hat uns wieder für sich.

Auf Wegen, die so verwechselbar sind wie zuvor, gelangen wir zur Stockensägmühle. Erhöhte Aufmerksamkeit ist gefordert, denn am Sportplatz geht es links über die Wiese und weiter durch Busch und Gestrüpp.

Im Mai haben Waldgänge ihren größten Reiz. Wer die Begeisterung für die Natur nicht von vornherein in sich spürt, bei dem wird sie im Wonnemonat geweckt. Immer wieder bieten sich Ansichten von frischem Grün. An Fichten und Tannen zum Beispiel, deren Neutriebe sich vom nachgedunkelten Gezweig absetzen. Unser Blick wird mit variantenreichen Reisen verwöhnt. An glatten Buchenstämmen und furchigen Ahornrinden führen sie senkrecht hinauf zum luziden Laubdach.

So monoton dieser Schauplatz der Farbenspiele anmutet, so sicher täuscht eine oberflächliche Sicht über den Reigen der Töne hinweg. Je nachdem wie transparent die Baumkleider sind, kreiert das einwirkende Licht, abhängig vom Sonnenstand, fein abgestufte Leuchteffekte. Prägnant lässt sich unser Zustand in Worte fassen: im changierenden Grün.

Der böige Wind ist angesichts der Hitze wohltuend. Die Dominanz der Forstwege überzeugt uns davon, dass zwanzig Kilometer genug sein können für einen Tag. Alles, was darüber hinausgeht, könnte dazu verleiten, diesen Weg als eintönige Wiederholung des immer Gleichen abzustempeln oder gar das Wandern an sich als langweilig geringzuschätzen.

Für ein Gewitter aufgelegt

Eine kleine Mühsal sind die Steigungen. Sie nehmen zum Ende hin zu. Getreu dem Motto ›Das Beste zum Schluss will durch eigener Füße Arbeit verdient sein‹ erreichen sie mit den Anstiegen zum Schönenberg und später zum Schloss ob Ellwangen ihre Höhepunkte.

Die erste Erhebung wartet mit der Wallfahrtskirche *Zu Unserer Lieben Frau* auf. Die Maria gewidmete Hallenkirche ist im späten siebzehnten Jahrhundert entstanden und nach dem Vorarlberger Münsterschema errichtet worden. Dessen Hauptmerkmal ist das einschiffige Langhaus. Die tragenden Pfeiler sind dabei bis zur Außenmauer verbreitert und wechseln sich mit Kapellen ab.

Draußen entblößt sich vor uns die Silhouette Ellwangens. Typisch für ein abendländisches Stadtbild fungieren darin die Kirchen als Hauptpfeiler. Sie sind einerseits Blickfang, andererseits Orientierungspunkte im Koordinatensystem ortskundiger Betrachter.

Als prominentes Bollwerk übertrumpft der naturgrün gepolsterte Schlossberg die Stadt. Ein Gürtel aus pludrigen Baumkronen zieht sich um die gelben Fassaden des barockisierten Renaissancebaus.

Obgleich die schwüle Luft zu einem Gewitter aufgelegt ist, bleibt die Explosion aus. Gewiss, eine solche schickte sich auch nicht für so ein feudales Milieu. Dabei musste das Schloss im Jahr 1709 einen verheerenden Brand erdulden. Es wurde zerstört und wiederaufgebaut. Keine Gewalt konnte ihm seither etwas Ernsthaftes anhaben, berichten die Stadtschreiber. Bis zur Dämmerung verflüchtigt sich das Wolkengebirge, und der Tag mündet in einen lauen Sonnenabend.

Im Café Rieger haben wir eine Übernachtung gebucht. Stünde es nicht im Wanderführer, hätten wir den Weg hierher nie gefunden. Na ja, gefunden hätten wir das Haus schon, aber höchstwahrscheinlich links

liegen lassen. Es ist innerorts an der Bundesstraße gelegen und wäre nur als Notlösung infrage gekommen.

Unserem Zimmer haftet das Flair der Fünfzigerjah-
re an. Die Fenstertür ist mit einem matten Glas versehen. Schemenhaft lässt es nach außen durchscheinen,
wie wir uns im Raum bewegen.

Zwei Betten sind in diagonal gegenüberliegenden
Ecken längs gestellt. Dazu gesellen sich ein uralter Ses-
selstuhl und ein zweiter, ebensolcher mit Federsitz und
Stickereibezug. Die Vorhänge sind mit Häkchen an
braunen Holzleisten befestigt. Die gemaserten, weißen
Tapeten beginnen sich von den Wänden zu lösen.

Zum Boden geschaut fallen ein schmuddeliger Tep-
pich und ein Fransenläufer auf, die barfuß zu betreten
ich lieber vermeide. Ein Zwei-Quadratmeter-Dusch-
raum und die kleine Toilette befinden sich auf der
Etage. Auf das Frühstück dürfen wir gespannt sein ...

Halsverrenkungen, die sich lohnen

Es unterbietet unsere Fantasie, die durch das Ambien-
te voreingenommen war: Ein paar Semmeln und helles
Brot finden sich auf dem Tisch, für den Belag liegen
in Streifen geschnittener Weichkäse und einige Schei-
ben von einer Wurstsorte bereit.

Obwohl die Anrichte enttäuschend karg ausfällt,
lässt sich daran die Absicht der Hauswirtin ablesen, es
ihren Gästen recht machen zu wollen. Alles ist lieb gemeint, mit ganz einfachen Mitteln. Ich weiche auf
meinen Frühstücksbrei aus.

Bevor wir Ellwangen hinter uns lassen, nehmen wir seine religiöse Seite ins Visier. Terrakotta und Beige verleihen der evangelischen Stadtkirche eine warme Umhüllung. Sie strahlt auf fromme Seelen und Gottesdienstverweigerer gleichermaßen aus.

Bestechend ist der äußere Formenreichtum: Gesimse finden sich da, runde und kantige Elemente, Figuren und sogenannte Voluten. Die spiralförmig eingerollten Säulen schlängeln sich wie Schnecken an der Fassade. Im Vergleich zum kühlen Außenklima ist der Innenraum angenehm temperiert. Die Deckenfresken nötigen uns zu Halsverrenkungen, die sich lohnen.

Von dem Barockbau gehen wir zur Stiftskirche Sankt Vitus hinüber. Die spätromanische Gewölbebasilika mit ihrem kreuzförmigen Grundriss soll die bedeutendste in ganz Schwaben sein. Als wir das Bauwerk vor Augen haben, wird dieser Superlativ für uns nachvollziehbar.

Drei Türme im romanischen Stil machen das Wahrzeichen weit über die Stadtgrenzen hinaus sichtbar. Zwei davon sind breit und massiv. Der Helm des schlankeren, dritten Turms formt sich zu einer Spitze, die höher und steiler ist als die seiner Geschwistertürme. Die mit allerlei Figuren und barockem Dekor überladenen Schiffe wirken staubig und schwer. Auch deshalb wollen wir uns nicht allzu lang in dem streng katholischen Haus aufhalten.

Als bemerkenswertes Detail ist eine Tür zu erwähnen, durch die sprichwörtlich ein direkter Draht zur protestantischen Konkurrenz besteht. Beide Kirchen sind abstandslos aneinander gebaut, ja sie wirken so unzertrennlich wie siamesische Zwillinge. Theologen mögen die Verbindungstür als heimliches Symbol der Ökumene deuten. Dabei wurde die 1729 vollendete Jesuitenkirche nebenan erst 1817 in eine evangelische Kirche ›umgetauft‹. Erst von 1806 an waren die zwei christlichen Konfessionen überhaupt gleichgestellt.

Schnee von gestern?

Auf dem Markt am Kirchplatz kaufen wir Obst: Neben Äpfeln gönnen wir uns für einen exquisiten Genuss Bio-Aprikosen aus Italien. Wir bummeln weiter und schauen nach einem Café aus, das unsere Suchkriterien erfüllt: ›Außenbestuhlung‹ in ›verkehrsarmer Zone‹. Beim Stadtcafé gegenüber der Stadtkirche sammeln wir unser letztes Gastroerlebnis.

Der Weg aus der Altstadt hinaus ist nach ein paar Hundert Metern bewältigt. Ellwangen ist so angelegt, dass es Fußgänger vom müßigen Trott durch langweilige Vorstädte verschont.

Als das im achten Jahrhundert von den Bischöfen Hariolf und Erlolf gegründete Benediktinerkloster an uns vorüber ist, tappen wir auf einer Allee bis zum Ende der Siedlung. Zurück auf einsamer Flur umweht uns ein auffrischender Wind. Zusammen mit dem flach bewölkten Himmel und jackentauglichen Temperaturen soll er die Witterung auf dieser Etappe prägen.

Der Abwechslungsreichtum unserer Tour zeigt sich bereits auf den ersten Kilometern. Frohgemut wandern wir zwischen Eichen und stämmigen Linden, später an einem Birkensaum entlang. An zwei erinnerungsschweren Wegstellen wird unser Geschichtsbewusstsein getriggert.

Das auf einer Anhöhe errichtete Kreuz der Heimat bildet die erste Marke. Heimat kann ihren Besitzern Rückhalt geben. Das Kreuz mit der Heimat kann aber gleichfalls niederdrückend sein. Das hiesige Kreuz dreht sich um Heimatverlust und schließt ein ganzes Bündel Themen ein: Zum einen will es Passanten dazu anhalten, der vierundfünfzig Menschen zu gedenken, die sich 1919 für ein selbstbestimmtes Sudetenland einsetzten und dafür mit dem Leben bezahlten.

Im Herbst 1918 wurden die anfänglich Deutschösterreich genannte Republik Österreich und die tschechoslowakische Republik ausgerufen. Beide waren Nachfolgestaaten der Donaumonarchie und beanspruchten die Grenzregionen Böhmens, Mährens und Österreichisch-Schlesiens jeweils für sich. Die dort lebenden Einwohner waren vorwiegend deutschsprachig und wollten sich in autonomen Provinzen selbst verwalten. Als sie sich zu Österreich bekannten, besetzte die tschechische Armee ihre Gebiete. Die Regionalregierungen flohen daraufhin ins Exil.

Im Februar 1919 hinderte das Militär die Sudetendeutschen daran, dass sie sich an der Wahl zur konstituierenden Nationalversammlung Österreichs beteiligen konnten. Dabei waren sie dem südlichen Nachbarland enger verbunden als jenem Staatengebilde, dem sie der Vertrag von Saint-Germain im September 1919 zusprechen sollte. Das von achtundzwanzig Ländern unterzeichnete Werk regelte, wie das vordem kaiserliche Österreich nach dem Ersten Weltkrieg aufzuteilen war. Als das österreichische Parlament im März 1919 erstmals tagte, gingen vielerorts im Sudetenland Menschen auf die Straße. Dass sie ihr Recht auf Selbstbestimmung einforderten, missfiel der tschechischen Regierung. Ordnungskräfte griffen zu den Waffen und erschossen vierundfünfzig Demonstranten. Eine Fremdherrschaft, die annähernd zwanzig Jahre währen sollte, war damit zementiert.

Schnee von gestern, mag sich die eine oder der andere denken. Aber ein Schnee, auf dem die Abdrücke der Geschichte eingefroren sind. Ein Schnee, der erstarrt liegen blieb und für den Lauf der Dinge wesentlich werden sollte.

Zum anderen will das Kreuz der Heimat an die Toten der Weltkriege erinnern. Das Andenken bezieht die Gefallenen wie die zivilen Opfer ein. *Ein* Augenmerk liegt auf dem unermesslichen Leid der Vertriebenen. Hätte das zwanzigste Jahrhundert eine Stimme, wüsste es eine Klagelitanei vorzutragen, die unendlich lang wäre.

Auf zwölf bis vierzehn Millionen beziffert das Statistische Bundesamt die Zahl der Menschen, die zwischen 1944 und 1950 aus den Ostgebieten und dem Sudetenland vertrieben wurden. Mehr als zwei Millionen von ihnen kamen um oder gelten als ungeklärte Todesfälle. Die Anzahl der geschändeten Frauen und Mädchen geht in die Millionen. Das genaue Ausmaß jener Vorgänge lässt sich weder zahlenmäßig ermitteln noch gefühlsmäßig begreifen. Ihr Sog war gewaltig, und für jede Person, die von ihm erfasst wurde, waren sie einschneidend.

Nahezu jede deutsche Familie war von den Wanderbewegungen jener Zeit betroffen. Sei es, weil sie fortziehen musste, sei es, weil sie Vertriebene bei sich aufnahm. Aus freien Stücken handelten die wenigsten. Die einen folgten energisch erteilten Räumungsbefehlen oder liefen in Todesangst davon, die anderen entsprachen einer staatlich angeordneten Pflicht.

Meine aus Breslau gebürtige Oma war im Spätwinter 1945 wie so viele Einwohner Niederschlesiens zur Flucht gezwungen. Sie flohen vor der heranrückenden Roten Armee, flohen vor der Rachsucht sowjetischer Truppen. Diesen eilte der Ruf voraus, äußerst brutal gegen das Volk der unterlegenen Feinde zu wüten. So gnadenlos, wie zuvor mit den Ihrigen umgegangen worden war.

Mit kaum mehr als dem, was sie am Leibe trug, wurde meine Großmutter am 3. März aus Bad Warmbrunn weggejagt. Mit sich genommen hatte sie auch ein pulsierendes Bündel. So zart und verletzlich es damals war, so war es von allem, was sie besaß, das Wertvollste, ihr Ein und Alles. Gerade mal sieben Monate alt war das Menschlein, das ihrer Zuwendung bedurfte und auf mütterlichen Schutz angewiesen war. Drei Jahrzehnte später sollte es zu meinem Vater werden.

Nach fünf Tagen im Treck kamen die anderthalb Personen am 8. März im bayerischen Altmannstein an.

Der Ort im Süden der Oberpfalz sollte ihr neues Zuhause werden.

Angesichts der bitteren Tatsachen, dass der vermisste Ehemann vom Krieg nicht mehr heimkehren sollte, zwei Brüder im Gefecht und an den Folgen der Gefangenschaft zu Tode gekommen und die überlebenden Verwandten in alle Himmelsrichtungen verstreut waren, musste das Hinter-sich-Lassen des gewohnten Umfeldes von unsagbarem Schmerz begleitet gewesen sein. Alles Hab und Gut war der jungen Witwe geraubt worden. Doch wie ihre Schicksalsgefährtinnen hatte sie keine andere Wahl, als nach vorne zu blicken. Ein Zurück gab es nicht, weder unmittelbar nach dem Krieg noch irgendwann später. Niemals mehr sollte sie ihr vertrautes Schlesien wiedersehen.

Für den Neubeginn in der Stunde Null hatten sie die Wirrnisse nach Bayern verschlagen. Ob ihr die Gegend fern der Heimat immer fremd blieb oder sich zu dem Ort, in dem ihr einziges Kind aufwuchs, mit den Jahren ein Gefühl der Zugehörigkeit oder gar Verbundenheit entwickelte? Allenfalls mutmaßen kann ich als Kriegsenkel über die nüchterne Befindlichkeit meiner Vorfahren. Die Intuition verrät manches.

Aus gutem Grund spürte ich als Kind eine gewichtige Bürde auf mir ruhen. Ein seelisches Vermächtnis, das niemand ausschlagen kann. Ein Erbe, dem sich unausweichlich stellen muss, wer die Chance wahren will, sich der verdrängten Last zu entledigen. Vergebens suchte ich im Geiste eine wirkliche Nähe zu den verlorenen Orten herzustellen. Zu Bad Warmbrunn und Hirschberg und der alten Stadt Breslau, die irgendwo hinter dem Eisernen Vorhang in einer mir unbekannten Landschaft lagen. Orte, zu denen ich mich unwillkürlich hingezogen fühlte, die in unserem Atlas aber unauffindbar waren.

Sehnsüchtig dachte ich mich in das ferne Riesengebirge hinein, das sich vor der Haustür der großväterlichen Kohlenhandlung erhoben hatte und durch das der Sage nach ein Schrat namens Rübezahl streift. Indem ich Geschichten über ihn las, wünschte ich mir, sein riesengroßes Reich zu erkunden und eines Tages auch die sagenumwobene Schneekoppe zu überschreiten; jenen berühmten, höchsten Berg, dessen gesungener Name als Marke für Reformwaren nachhallt.

Mittels Lesestoff versuchte ich mich örtlich wie zeitlich in das Schlesien meiner Ahnen zu versetzen. Instinktiv nahm ich so die Herausforderung an, das Trauma der unverarbeiteten Verluste zu bewältigen. Stellvertretend für die wortkargen bis sprachlosen Generationen vor mir, für die mit emotionaler Stummheit geschlagenen Trümmerfrauen und Kriegsväter, Witwen und (Halb-)Waisen. Zu Ehren all der Kinder, Frauen und Männer, die ihre Stimmen nicht mehr erheben und weder klagen noch trauern können, weil natürlicher Tod und tödliche Gewalt sie dahingerafft haben.

Sprachlichem Ausdruck verwehrt bleiben auch Antworten darauf, welche Eindrücke von der Vertreibung selbst sich im Unterbewusstsein meiner Oma und ihres Sprösslings eingegraben hatten. Meine Großmutter starb 1986, mein Vater im Jahr 2014. Das Glück, dass sie einst mit dem Leben davongekommen waren, ist die erste Voraussetzung für mein Sein. Umso mehr empfinde ich es als ein unersetzliches Geschenk, dass ich diese herzliche Frau kennenlernen durfte. Von ihrer schlesisch gefärbten Redeweise werden mir die Worte *nüscht* und *niedlich* lebenslang im Gedächtnis bleiben.

Die Zeichen der Zeit erkennen

Fluchtszenarien kennzeichnen auch das Weltgeschehen der Gegenwart. Europa bekommt die politischen Umwälzungen und ökonomischen Verwerfungen auf dem Globus geballt zu spüren. In Gestalt von Migranten, die ihr Herkunftsland mehr oder weniger unfreiwillig verlassen. Ihre Beweggründe sind verschieden. Sie gleichen sich darin, dass man sie zielsicher in den prekären Lebensumständen verortet.

Viele Menschen, vor allem aus Syrien, sind ausgebombt oder haben sich aus Furcht vor dem Terror fortgemacht. Etliche werden verfolgt oder empfinden so, andere kehren ihrer Heimat den Rücken, um medizinisch und materiell besser versorgt zu sein. Tod bringende Konflikte sind sie leid, und der Wunsch, in Frieden zu leben, verbindet sie.

Mit der Flüchtlingswelle um das Jahr 2015 wurden entwurzelte Kriegsopfer und unzählige Trittbrettfahrer ins Land gespült. Sie waren ›Muttis‹ Lockrufen gefolgt, weil das Angebot der hiesigen Willkommenskultur vergleichsweise komfortabel schien. Die Verheißung vom sicheren Wohlfahrtsstaat trieb Schutz und Hilfe Suchende in Strömen in die Mitte Europas. Viele malten sich rosige Zukunftshoffnungen aus. Der Duft des leichten Geldes – oder die Illusion davon? – mag das Seinige zur magnetischen Kraft Deutschlands beitragen. Das Zauberwörtchen *Asyl* einmal auszusprechen genügt, und das Tor zum so fantastischen wie gigantomanischen Traumländle steht offen.

Während ein kleiner Prozentsatz der Asylbewerber das Land später wieder verlässt, die einen im Abschiebeflieger, andere aus eigenem Antrieb und ausgestattet mit Rückkehrhilfen, bringen sich Bleibeberechtigte vermehrt ins Wirtschaftsgetriebe ein. Sie besuchen Schulen, machen eine Lehre oder versehen ihren Dienst. Als Reinigungs- oder Sicherheitskraft, Bus- und Kurierfahrer, Handwerker und Pfleger, in Verkauf und Logistik sowie in Hotellerie und Gastronomie bestreiten sie ihren Lebensunterhalt.

Andere warten auf die Erlaubnis oder das Verlangen, dieses oder jenes zu tun. So lange aalen sie sich, vermeintlich, in der gefederten Hängematte, an deren Polsterung Kranke und Ausgeschlossene dauerhaft gefesselt sind. Dass bei all der vordergründigen Gutmenschelei Teile der angestammten Bevölkerung benachteiligt werden und auf der Strecke bleiben, wird bisweilen übersehen.

Sich häufende Gewalttaten in den Zufluchtsländern belegen leider, dass ein bedrohlicher Anteil an Migranten das Bedürfnis nach dem so gern zitierten ›friedlichen Miteinander‹ nicht zu teilen scheint. Verbohrte Ideologen jeglicher Couleur entpuppen sich als Gefahrenherde für anders denkende und lebende Europäer. Fundamentalisten wollen aushebeln, was laut Verfassung als freiheitliche Grundordnung bezeichnet wird, und bekämpfen ein System, in dem trotz offizieller Bekenntnisse zur Demokratie diktatorische Züge zum Vorschein kommen.

Mit der Meinungsfreiheit ist es nach dem Eindruck misstrauischer Bürger nicht allzu weit her. Sie zweifeln sie an und ahnen, dass übergeordnete Mächte aus dem Off die politische Marschrichtung vorgeben und das Volk mit Medienmacht manipulieren: Eliten der Hochfinanz, die Bilderberger, Rothschilds? Dass Staaten unterwandert und ihre Regierungen willfährige Marionetten der Währungsherausgeber sind. Dass multinationale Kartelle unser aller Leben kontrollieren und für ihre Interessen vereinnahmen. Dass sich gekaufte Parlamentarier alias Lobbyisten von profitorientierten Akteuren einspannen lassen und gegen den Wählerwillen in die Gesetzgebung eingreifen. Dass in unserem gelobten Gesundheitssystem das Patientenbegehren nach Heilung hinter Gewinnzielen von Konzernen und anderen Institutionen zurückstehen muss.

Extremisten lehnen so und so ab, was eine liberale Gesellschaft ausmacht, die in mancher Hinsicht eine egoistische, rücksichtslose, ungeerdete ist.

Ist grenzenlose Zuwanderung alternativlos? Sind Migranten, wie gern als Verschwörungstheoretiker verschriene Kritiker meinen, ein Instrument in einem geheimen Welteroberungsplan? Menschliche Manövriermasse im Spiel übermächtiger Strippenzieher, die eine ›Umvolkung‹ oder den ›Bevölkerungsaustausch‹ anstreben? Oder soll damit einem drohenden Einwohnerschwund begegnet werden? Stecken handfeste ökonomische Gründe dahinter: Personalbedarf, Rentensicherung, Konjunkturanschub? Würde der volkswirtschaftliche Kreislauf ohne Einwanderer kollabieren?

Ohne die Abertausenden Hände, die Tag für Tag die Putzlumpen schwingen, um Millionen Treppenstufen und Abermilliarden Büroquadratmeter zu wischen? Ohne Paketboten unter Zeitdruck, die im Dienste unersättlicher Handelsgiganten ›Straßenkämpfe‹ ausfechten, um Otto Normalkonsumjunkie genauso wie gut Situierten in Blankenese, Millionärsladys aus Grunewald und Grünwalder Villenerben jedes erdenkliche Bestellgut bis an die Haustür zu befördern?

Ohne strampelnde Lieferlakaien, die hungrigen Couch-Potatos bei Wind und Wetter ofenwarme Menüs in die mollige Komfortzone bringen? Ohne fleißige Helfer in Restaurants, die nach weniger rank als träge machenden Gelagen das Geschirr spülen und Tisch und Stühle für die nächsten Gäste säubern? Ohne Roomboys, die in Hotels allmorgendlich Dutzende Betten aufschütteln, Decken und Kissen überziehen und akkurat zurechtlegen? Ohne aufmerksame Ober, die einem lächelnd das Kaffeetablett servieren?

Wie verdreckt sähen Plätze und Bürgersteige aus, würden nicht Scharen von Straßenkehrern die Hinterlassenschaften verantwortungsloser To-go-Konsumenten beseitigen? Wer wollte die überquellenden Mülleimer leeren? Und wer die ekligen Burgertüten auflesen, die schlecht erzogene Bengel und aufsässige Gören nach dem Fressen ohne Moral wegwerfen? Wer die mit Fett vollgesaugten Pizzakartons entsorgen, die chillige Partyschnösel unsolidarisch liegen lassen? Und wer bitte die Flaschenscherben und platt getretenen Drink-Dosen uncooler Kids?

Wie stünde es wohl um manche Bereiche der Infrastruktur? Wer wollte hinterm Lenkrad der Busse und an den Schalthebeln von Zügen, U- und Trambahnen sitzen? Wer chauffiert in pünktlicher Absicht Myriaden Pendler zu ihren Arbeitsstätten und nach dem Dienst wieder heim? Wer packt einem hinter der Bäckertheke unverzüglich Brot und Brezen ein und sorgt auch dafür, dass Marktregale voll und ungeduldige Schlangen vor den Kassen vermeidbar sind?

Wer sollte die mit peppigen Medikamentencocktails ruhiggestellten Heimbewohner pflegen? Wer die vereinsamten Ausrangierten betreuen, wären nicht Menschen aus Osteuropa und Asien bereit, der besseren Entlohnung wegen ihr Land zu verlassen, um rund um die Uhr für Patienten da zu sein? Wie viele Objekte werden von Sicherheitsleuten bewacht und so vor Ganoven und Einbrecherbanden geschützt? Wer bewahrte das Personal in Risikojobs vor Handgreiflichkeiten angriffslustiger Kundschaft? Wer sollte all diese und noch mehr Tätigkeiten verrichten? Wer erledigt sie?

In München wie anderswo sind es teils Alteingessene, teils Zuwanderer, die putzen und wegräumen, was andere zurücklassen; die sich einfacher und notwendiger Aufgaben annehmen, für die sich kaum einer der ins Online-Universum abgewanderten Homeworker erwärmen könnte. Dienstleister und Arbeitnehmer sind es, einheimische und migrantische, die mit ihrer Tatkraft den Systemladen am Laufen halten.

Geflüchtete, Asylbewerber, Migranten – Menschen mit Widersprüchen. Sie sind bedürftig und dankbar, (un)bequem und anspruchsvoll. Sie kassieren ab, aber leisten nichts, sind engagiert und genügsam. Sie werden benutzt und gefördert, arbeiten schwarz und mit weißer Weste. In den Medien diskreditiert und hofiert man sie. Sie sind Störenfriede und Streber, respektlos und demütig. *Höflich* können sie und *aggressiv,* sie schmeicheln und reden mit frecher Schnauze. Sie geben sich forsch und laut, sind zurückhaltend und still. ›Jetzt komm' ich!‹, rufen die einen, ›Lasst mich in Ruhe!‹, flüstern die anderen. Diese schleichen wie Leisetreter, jene führen sich auf wie Kings. Sie lügen und betrügen, sind sippentreu und legen Wert auf ihre berüchtigte Ehre. Mitunter schlagen sie und stechen zu, sind sie zuvorkommend und hilfsbereit.

Beleidigungen gegen *Biodeutsche,* wie Eingeborene bisweilen ironisch verächtlich genannt werden, und Tätlichkeiten bis hin zum Mord zeugen davon, dass der edle Stein der Wahrheit außer glänzenden auch beschlagene bis betrübliche Facetten an sich hat.

Zwischen Konfliktparteien treten ethnisch, sozial und religiös unterschiedliche Beziehungen zutage. Ins Rampenlicht schaffen es Vorfälle, bei denen ein ›antisemitisches‹, ›islamophobes‹ oder ›rassistisches‹ Motiv erkannt wird. Beflissene Volksvertreter bekunden dann eilends ihre politisch korrekte Betroffenheit. Ist kein solcher Zusammenhang herstellbar, wird um Verbrechen in der Regel kein Aufheben gemacht und überspitzt formuliert bestenfalls in der Rubrik Vermischtes über sie berichtet. Mandatsträger, die sich im anderen Fall multimedial empören, hüllen sich in unbedächtiges Schweigen.

In Dresden wird im Oktober 2020 ein Paar zur Zielscheibe eines ›islamistischen‹ Attentäters werden. Er ersticht einen Mann aus Krefeld und verletzt dessen Begleiter schwer. Das überregionale Publikum nimmt von der Attacke kaum Notiz, und die staatliche Anteilnahme fällt bescheiden aus.

Bilderbuchmigranten passen sich an. Loyal und systemkonform sind sie begierig, im Wettbewerb um Geld und Güter mitzumischen. Emsig bedienen sie sich am Überfluss und bauen so unermüdlich mit am toxischen Berg aus Verpackungsmüll.

Neudeutsche Emporkömmlinge, Prahler und prollige Freaks machen sich gern offensiver bemerkbar. Großspurige Kisten sind in den verblendeten Augen Geltungsbedürftiger das Nonplusultra fürs Selbstwertgefühl. Frisierte Autoposer brüsten sich am Steuer unterbelichteter Boliden und pressen röhrend und knallend ihren Anti-Öko-Fußabdruck auf Asphalt. Klingt so harmonische Integration ins Autowunderland?

Mit Krach und Karacho stürzen sich auch scheinbar Darbende in die Materialschlacht auf gestressten Straßen. Im Windschatten Sprit schluckender Geldwaschanlagen ahmen Benachteiligte ihre dubiosen Idole nach. Seite an Seite mit gepanzerten Platzhirschen, Stoßstange an Stoßstange mit Paten der Halbwelt, Auspuff an Auspuff mit Größen mafiöser Clans buhlt die profilierte Protzgemeinschaft um Anerkennung.

Auf riskanten Egotrips frönen PS-Repräsentanten ihrer Mordsgaudi, derweil lassen sie sich von keiner Spaßbremse in die Schranken weisen. Weder ihr Gewissen noch ein Gesetz kann skrupellose Möchtegernrennfahrer stoppen. Dass sie anderer Leib und Leben aufs Spiel setzen, Kind und Kegel bedrohen und der Umwelt schaden, scheint derlei geduldeten Gefährdern nicht bewusst oder gar gleichgültig zu sein.

Täglich werden bei Raserunfällen Menschen totgefahren oder verletzt. Industrie und Staat machen sich fahrlässig zu Rambos Komplizen: *Sie* bringt ein fragwürdiges Gefährt nach dem anderen in Verkehr, die von testosterongesteuerten Underdogs und selbstgefälligen Überfliegern für irre Manöver missbraucht werden. *Er* lässt Geschwindigkeiten und Geschosse zu, die aus humanitären Gründen abseits des Nürburgrings keine Berechtigung haben.

Bevor wir uns auf dem heiklen Terrain bereifter Pferde vergaloppieren, kehren wir besser auf unseren harmloseren Pfad zurück. Mehr Beachtung und vor allem Rückendeckung gebührt ohnehin Zeitgenossen, welche die Zeichen der Zeit erkennen. Sich selbst und ihrer Mitwelt zuliebe nehmen sie, wenn möglich, die Bahn, steigen aufs Rad oder gehen zu Fuß.

Schilfinseln, geknickte Bäume und ein Schloss

Am Galgen-Mahnmal unweit vom Kreuz der Heimat holen uns die Hexenverfolgungen ein zweites Mal ein. Die örtliche Chronik offenbart, welches Ausmaß die Verurteilungswut annehmen konnte und wie weit sich ihr Bogen über Süddeutschland spannte. Der Eifer, den die Regenten an den Tag legten, war von Region zu Region verschieden stark ausgeprägt. Während für Dinkelsbühl elf Todesurteile belegt sind, wurden in Ellwangen zwischen 1588 und 1618 rund vierhundertfünfzig Menschen hingerichtet.

Drei Fürstpröpste haben hier nacheinander ihr Teufelswerk vollbracht. Etwa jede zweite Einwohnerin und jeder sechste Einwohner musste salopp gesagt dran glauben. In vielen Fällen wurden die Leben auf dem Scheiterhaufen ausgelöscht. Ellwangen zählte damit zu den Hochburgen des Hexenwahns. Es teilt sich dieses unrühmliche Prädikat mit den Hochstiften Bamberg, Eichstätt und Würzburg sowie Kurmainz.

Unsere achte Etappe ist besonders empfehlenswert. Was sie so anziehend macht, ist das Landschaftsschutzgebiet des Rotenbachtals. Mal tappen wir über weichen, mit Wurzeln geäderten Waldboden, mal stapfen wir im Licht der Sonne durch hochgewachsenes Gras. Vorübergehend finden wir uns nah am Wasser wieder. Wo sich der Bach zu einer länglichen Zunge weitet, passieren wir den Glasweiher. Regungslos liegt er vor unseren Füßen. Kleine Schilfinseln formen Labyrinthe aus Halmen. Geknickte Bäume tunken ihr

Geäst ins Nass. Sie werden morscher und morscher und lösen sich Faser für Faser auf *(17)*.

Zwei oder vier wachsame Augen sind da wie dort hilfreich. Auf der Landesstraße 1073 etwa wird die Lücke in der Leitplanke leicht verfehlt. Ohne Wegweiser sähen wir auch andernorts alt aus. Kurz vor dem Hof in Altmannsrot biegt die Steiglinie rechts ab. Sie verläuft über Privatgrund, ehe sie in einen leicht zu übersehenden Waldpfad übergeht. Dass sie sich erdreistet, sich an einer so unauffälligen Stelle davonzustehlen, hätten wir ihr nicht zugetraut.

In der Nähe des Dieselhofs lassen wir den Rotenbach hinter uns. Ein Gefühl von Langatmigkeit keimt auf, das daher rührt, dass wir auf einer Asphaltstraße zwei Kilometer weit auf Hohenberg zuwandern *(18)*. Bloß der Blick zur neoromanischen Kirche hinauf ruft auflockernde Gedankenwechsel hervor, während ich sonst nichts als Schritte zähle. Die finale Kreuzwegallee ist wegen der Baumflanken mit ihren gelbgrünen Laubschirmen ein leuchtendes Highlight, das vom religiös eingefärbten Fokus ablenkt.

Oben angekommen ist die bemalte Pfarrhausfassade ein grau und purpurrot getönter Blickfang. Die etwas dick aufgetragenen Szenen sind der Jakobuslegende und dem Wallfahren gewidmet: Handwerker beim Kirchenbau; rastende Pilger; eine Gruppe, die ihr Nachtquartier aufgeschlagen hat; und am Giebel eine Jakobsmuschel. Das Haus beherbergt Wanderer, die auf ihrem Weg nach Santiago de Compostela an diesem Ort Station machen.

18

17

Vom Hohenberg lässt sich in nahezu alle Richtungen schauen. Im 360-Grad-Panorama entdecken wir den Ipf, einen auffallenden Bergkegel bei Bopfingen, und die Schlosskirche auf dem Schönenberg. Erhaben gibt sich daneben Schloss ob Ellwangen ein Stelldichein. Unter dem sich verdüsternden Wolkenhimmel nimmt das Gebläse und mit ihr die Frische beträchtlich zu, sodass es bald Zeit wird, die Reißverschlüsse unserer Jacken hochzuziehen.

Das Zeitliche schon gesegnet hat eine andere, nur halb anwesende Gestalt, der wir im Kirchhof begegnen. Mit verschränkten Füßen hockt sie auf der Umfassungsmauer. Auf dem Schoß ruht ein Geigenbogen, die Saiten des Instruments sind gerissen.

Es ist unbespielbar, so wie dieser Musikant nicht mehr in der Lage wäre, zu einer Melodie oder einem Lied anzusetzen. Aus den Öffnungen seines Gewandes treten skelettierte Gliedmaßen hervor. Dort, wo bei den Lebenden das Zentrum für Sinn und Verstand angesiedelt ist, kreatives Denken hervorgebracht wird und sich ein Glaube manifestiert, tut sich blanke Leere auf. Nicht ein Körnchen Materie enthält sie, denn das Haupt des verblichenen Mönchs ist ausgehöhlt *(19)*.

Ein früherer Pfarrer, der sich als Künstler verdingt, hat die Figur in Bronze gegossen. Ihr imaginärer Blick ist nach oben gerichtet. Was der Erschaffer damit symbolisieren will? Die Seele sucht das Licht. In manch anderer Religion findet das Unvergängliche einen neuen Körper, in dem es auf Erden weiterwirkt.

Dem ewigen Frieden entronnen

Die umfängliche Krone einer uralten Linde behütet eine hölzerne Bank. Wir setzen uns und führen uns einen Energieschub für die letzten Kilometer nach Rosenberg zu. Ein schmaler Pfad leitet uns vom Hohenberg hinab, im Schlussakt geht es auf kerzengeraden Forstwegen in den Ort hinein.

Das Gasthaus Frieden ist »Wegen Todesfall geschlossen«, heißt es auf einem Zettel, der am Eingang klebt. In der Koexistenz dieser fünf kläglichen Worte kommt eine sicher ungewollte Komik zum Ausdruck.

Als wir beim Gasthof Hirsch anlangen, sind wir im wahrsten Sinne *angekommen*. Um einem makabren Missverständnis vorzubeugen, sei mit Blick auf jenen Hinweis hinzugefügt: für heute! Es handelt sich ja gottlob nicht um Ein-Mann-Truhen aus Holz, kurz Särge genannt, die auf unsere Namen reserviert sind.

Die betagte Wirtin leidet bei jedem Schritt. Ein Handicap macht ihren Gang langsam und mühselig. Trotzdem ist sie bestrebt, den Abendtisch für ihre Gäste, sprich uns zwei Wandersleut' reichlich zu decken: Leberknödelsuppe sowie Fleischküchle mit Röstkartoffeln und Salat werden uns angeboten. Für den kulinarischen Tierverächter unter ihrem Dach zaubert die Hausherrin kurzerhand einen Menüplan B aus dem Ärmel. Statt Leberknödeln finden sich Grießklöschen in den Terrinen, und auch die Häppchen der Pilzpfanne lassen sich ohne Gewissensbisse kauen. Um Viertel nach sechs tischt uns der Wirt eine Schale mit frisch gebratenen Steinpilzen auf, nebst einer Schüssel Spätzle, einer Schale Röstkartoffeln, Soße und zwei Tellern Salat. Dem Hauptgang folgt ein Nachtisch, der so fein wie gehaltvoll ist: Kaiserschmarrn mit gestückelten Erdbeeren und selbst gemachtem Apfelmus.

Solch ein rustikales Menü kommt schwerlich ohne Verdauungsspaziergang aus, zu dem wir uns aufmachen, sobald der Regen sein Intermezzo beendet hat.

Allein dem Exklusiveinsatz dieser Wirtsleute verdanken wir es, dass unsere Mägen nicht leer ausgingen an diesem Tag, an dem der ortsansässige Landgasthof Adler geschlossen hat. Immerhin beim Tischabräumen ließ sich die gutherzige Gastgeberin helfen.

Mit Pauken und Trompeten dem Tirilieren entgegen

Das Frühstück im *Hirschen* fügt sich ins Bild. Gemäß unserem Gesamteindruck von dem aus der Zeit gefallenen Gasthof ist es klassisch-bürgerlich. ›Altmodisch‹, mögen Anhänger der einen oder der anderen Ernährungslehre kritischer darüber urteilen. Gläubige, denen Milchprodukte, Weißmehlwaren und Zuckerhaltiges per se verdächtig sind. Prinzipientreue, die verdrossen zur Kenntnis nehmen, dass ihnen ihre Morgenration Obst und Getreideflocken vorenthalten wird.

Es gibt zweierlei Brotsorten, von denen eine dem Anspruch von Vollkornliebhabern durchaus genügt, ferner Semmeln, Butter, einen Teller mit Käse, ein Glas italienischen Honig und eines mit Marmelade sowie für jeden ein gekochtes Ei.

Der Rückweg zum Steig bleibt uns erspart. Im Führer ist eine Direktroute nach Willa beschrieben. Dort laufen die in der Karte grün eingezeichnete Nebenlinie und der Originalpfad zusammen. Wir oder besser gesagt unsere Beine wissen dieses in Kilometern messbare Entgegenkommen zu schätzen.

Auch die neunte Etappe hat spannende Sequenzen zu bieten. Einige Hundert Meter nach dem Uhlenteich steigen wir auf verwachsenen Pfaden in eine Senke hinab. In Gefilde, die uns zu verschlingen drohen. Ehe wir uns im Wilden und Wuchernden verfangen, retten wir uns rechtzeitig hinaus in die braven Strukturen eines typisch deutschen Ackerlandes.

Fluren prägen diese Tour. Waldpassagen halten sich zurück. Oberhalb von Bühlerzell erhaschen wir einen Blick vom zentralen Dorfplatz, ehe wir uns selbst unter das Getümmel mischen.

Vor einem stattlichen Gasthof sitzen und stehen Menschentrauben zusammen. Sie frönen lukullischen Aktivitäten und unterhalten sich über Gott und die Welt. Biertische und Bänke hat man für sie aufgestellt, ferner Buden aufgebaut, die sich um das leibliche Wohl kümmern. Im Festsaal steht ein langes Buffet mit Salaten, Kuchen und Torten sowie Heißgetränken bereit. So ein sonniger Nachmittag lädt beileibe nicht nur Väter ein, an der feuchtfröhlichen Ausgelassenheit teilzuhaben, die eine Blaskapelle standesgemäß untermalt.

Als wir Salat und Kuchen verspeist haben, lassen wir Trank und Trubel hinter uns und steigen über

Feldwege aufwärts. Pauken und Trompeten tauschen wir wieder für das Tirilieren der Vögel ein. Abermals sehen wir auf Bühlerzell hinab, bevor uns hinter Imberg ein kleines Missgeschick passiert.

Eine Tücke nämlich hat dieser Trail. Die Tücke, dass er sich für Unachtsamkeiten bitter-süßlich zu rächen weiß. So unerwünscht eine Wegzugabe auch sein mag, so sehr überwiegt doch, wenn wir ehrlich sind, ihr Nutzen. Bekanntlich hält jeder getane Schritt Herz und Kreislauf in Schwung, jeder unterlassene lähmt.

Heute *müssen,* aber nein, *dürfen* wir in die Verlängerung, weil wir vor Geifertshofen eine Abbiegung übersehen. Als Konsequenz haben wir eine Extraschleife von rund zwei Kilometern abzuschreiten. Nachahmer seien gewarnt, in puncto Wegführung stets auf der Hut zu sein, denn für miese bis fiese Überraschungen ist dieser Steig jederzeit gut.

Um zu verhindern, dass ihr Projekt in eine Frusttour ausartet, sollten Weitwanderer auf trügerische Anwandlungen des Trails gefasst sein. Uns selbst trifft unsere fußläufige Abschweifung weniger arg. Sie hat schließlich etwas Bitter-Süßliches an sich.

Am Ende des Tages löst sich ohnehin alles in Wohlgefallen auf. Spätestens wenn wir in einem ländlich-gediegenen Gasthof unser Abendbrot schmausen, wird unserem Gaumen geschmeichelt und uns warm ums Herz. Im Gasthof Stern von Bühlertann soll dies nicht anders sein. Während der Teller des einen mit Gemüsemaultaschen beladen ist, darf sich der andere am Gemüseschnitzel laben.

Ganz Ohr sein für das klangvolle Schweigen

Mit dem Weg von Bühlertann nach Schwäbisch Hall liegt die zehnte und letzte Etappe unserer zwei Maitouren vor uns. Heute wollen wir den Kocher-Jagst-Trail vervollständigen.

Von unserem Herbergsort kehren wir zunächst auf die Hauptroute zurück. Wir wandern also zu jenem Punkt, an dem wir sie am Vorabend verlassen haben. Die zweieinhalb Startkilometer unseres Pensums haben wir somit schon erstbegangen. Sie deshalb vertraut zu nennen wäre aber übertrieben, denn ein und dieselbe Strecke kann voller Hinterlist sein, wenn man sie in entgegengesetzter Richtung abgeht. Stellen, die aus der umgekehrten Perspektive harmlos waren, können sich als neuralgische Punkte entpuppen. Als Wegpunkte, die uns zweifeln lassen, in eine Zwickmühle befördern und schlimmstenfalls vom Kurs abbringen. Der verlässlichen Beschilderung sei Dank, dass uns solche Stellen nicht zum Verhängnis werden.

Von trächtigen Wiesenhängen umgeben, steigen wir zum Galgenberg hinauf. Ein Blick nach dem anderen schweift über die Landschaft unter einem makellosen Himmel. In vollem Saft stehende Gräser und Kräuter, so weit das Auge reicht. Linker Hand markiert eine behalmte Gratlinie die Grenze des Überschaubaren.

Unter den Blüten dominieren Hahnenfuß und Margeriten, dazwischen finden sich alte Bekannte wie Schafgarbe und Spitzwegerich sowie weniger geläufige Blaublüher.

An den dreieinhalb Wandertagen davor haben wir zu unserer Form gefunden. Wir kommen gut voran und erreichen vergleichsweise schnell jene Gabelung am Galgenbergweg, wo wir am Vortag nach Bühlertann abgebogen sind. Auf dem Hauptpfad setzen wir unseren Gang fort.

Die ausgedehnten Flurpassagen erweisen sich als unvermutet kurzweilig, denn das wellige Bodenprofil zwingt uns zu einem mäßigen Auf und Ab. Der Pfad ist reich an Wendungen und schlägt unseren Erwartungen hie und da ein Schnippchen. Wo ein breiter, pfeilgerader Weg die Route weit im Voraus berechenbar erscheinen lässt, lenkt uns ein Schild plötzlich auf einen Trampelpfad ab. Ortsfremde wie wir würden ihn übersehen geschweige denn auf eigene Faust begehen.

Pfade von dieser Sorte lotsen uns auf moosiger Unterlage in eine Waldsenke hinein und jenseits von ihr hinaus. Sie dirigieren uns durch hüfthohe Brennnesselfelder und leiten uns über einen gemähten Wiesenstreifen am Acker entlang. Ob wir hier richtig sind? Derart blasse Spuren enden doch sicher im Nirgendwo! Wir bleiben eher vorsichtig, als dass wir blauäugig annehmen, sie mögen uns unserem Ziel schon irgendwie näher bringen. Mit wachen Sinnen zu wandern ist überall geboten, und nebenher ganz Ohr zu sein für das klangvolle Schweigen.

Stutzig werden wir, wenn die nächste Markierung zu lang auf sich warten lässt. Mehrere Hundert Meter auf dem Bühlersteig zu gehen, ohne auf ein Schild mit orange-grünem Farbsymbol zu stoßen, sind ein Indiz dafür, dass die letzte Abzweigung verpasst wurde. Wer in ein Gespräch vertieft ist oder sich meditativ auf seine Schritte konzentriert, läuft unter Umständen Gefahr, sich zu verlaufen. Größere Abschweifungen vom Trail können dem Wandernden teuer zu stehen kommen. Um einen Rückmarsch entsprechender Länge kommt er meist nicht herum.

Einmal widerfuhr auch uns so ein bewegungsförderndes Ereignis. Wider besseres Wissen blieben wir dem Weg treu und wandelten ihn kurzerhand in einen ausgiebigen Umweg um, wobei uns unser GPS behilflich war.

Futuristische Säulen und ein Jubiläumsbaum

Obstbaumalleen, große Eichenbestände und minimaler Straßenkontakt sind drei Qualitätsmerkmale, die diesen Rundweg so besonders machen. Obgleich sich das Bild vielerorts ähnelt, gerät das Gehen selten zu einem Akt der Langeweile. Am ehesten dort, wo wir länger auf unspektakulären Forstwegen dahintrotten.

An der Dreikaiserlinde laufen mehrere solcher Linien zusammen. Meine an seinen machtvollen Namen geknüpfte Vorstellung erfüllt dieser Baum nur im Ansatz. Daheim finde ich heraus, dass im Jahr der Pflanzung, 1888, gleich drei Preußenkönige auf dem deutschen Kaiserthron saßen. Auf den verstorbenen Wilhelm I. folgte dessen Sohn Friedrich III., der schon drei Monate nach der Inthronisation einem Kehlkopftumor erlag und von Wilhelm II. beerbt wurde.

Unweit des Jubiläumsbaums nehmen wir die Chance wahr, eine prototypische Säule unseres Jahrtausends aus nächster Nähe zu betrachten. Ich stehe am Rand einer wüsten Plattform. So großflächig, wie sie ist, muss ihr ein ganzes Wäldchen zum Opfer gefallen sein. Eine runde, mattgraue Säule strebt in der Mitte empor. Weit ragt sie über die obersten Wipfel hinaus. An Umfang und Höhe übertrifft sie jenen kaiserlich-hoheitlichen Lindenstamm um ein Vielfaches. Sie bildet einen Pfeiler, der in die Zukunft weist.

Mein Blick wandert an der Säule hinauf, springt auf den kreisenden Rotor über und heftet sich an eines der Blätter. Mein Kopf und meine Augen kreisen mit. Sie kreisen und kreisen, kreisen mich regelrecht in den Schwindel. Wie überwältigend so ein Windrad ist! So massiv und gigantisch wie der Eingriff in die Natur, der seiner Errichtung vorausgegangen sein muss und diese grüne, scheinbar unschuldige Form der Energiegewinnung erst ermöglicht hat.

Ruft man sich die zahllosen Vögel ins Bewusstsein, die Jahr für Jahr unter die Räder kommen und an Windenergieanlagen zerschellen, muss sich die Gesellschaft eingestehen, dass die Natur leiden wird, solange es Kraftwerke gibt. Jahrzehnte später, wenn dieses Exemplar ausgedient haben wird, könnte ein Nachfolgemodell seinen Platz einnehmen. Eine optimierte Weiterentwicklung, bei der die Mängel des Vorläufers behoben sein werden. Manche Nachteile wird auch der neue Typ nicht ausbügeln können, wie ausgereift er auch sein mag.

Tausende Windräder drehen zwischen Konstanz und Küste ihre Runden. Sie drehen sich im Moment, drehen sich morgen, das ganze Jahr. Das Leid der Vögel steigert sich dadurch ins Unermessliche.

Die Staatliche Vogelschutzwarte im Brandenburger Landesamt für Umwelt erfasst gemeldete Totfunde in einer zentralen Datenbank. Mäusebussarde und Rotmilane führen die traurige Tabelle an. Auch Fledermäuse in ungeahnter Zahl fallen den Schlägen der Rotorblätter zum Opfer. Was diese Säugetiergruppe betrifft, sind unter den Großen Abendseglern und Rauhautfledermäusen die größten Verluste zu beklagen.

Tröstlich stimmen Versuche, die Tiere besser zu schützen: Spezialsysteme sollen die Anlagen abschalten, wenn gefährdete Vögel im Anflug sind oder Wetterbedingungen herrschen, die Fledermausflüge begünstigen.

Säulen gänzlich anderer Natur zählen zum Bestand beinahe jeden Ortes, der auf Tradition und Brauchtum hält. Maibäume entfalten sich in diesen Tagen zu voller Blüte. Allerlei Variationen bekommen wir zu Gesicht.

Ein Klassiker ist die geschälte Fichte. Grün bekrönt wird sie oft von der eigens zu diesem Zweck erhaltenen Baumspitze, die symbolisch den Himmel berührt. Manche der kleinen Wolkenkratzer sind bemalt und mit Girlanden oder Kränzen geschmückt. Im unteren Bereich können Zunft- und Stadtwappen angebracht sein.

Beliebt sind auch frisch geschlagene Birken. Wir treffen auf ein Exemplar, das eine symbiotische Beziehung mit einem Laternenpfahl eingegangen ist. Die dürre, weißrindige Holzsäule ist mit verschiedenfarbigen Papierbändern behangen und an dem stahlgrauen Pfahl festgebunden. Er gibt ihr Halt und darf sich dafür in ihrer leichten Buntheit sonnen *(20)*.

Ein Paradies fürs menschliche Sitzfleisch

Einige Kilometer haben wir seit dem Windrad zurückgelegt, als wir uns in einer Lichtung auf einen Baumstamm setzen, um Energie zu tanken. Der unterhalb des Wegs eingebettete Teich ist ein appetitanregendes Biotop. Ein Butterbrot, Nüsse und Fruchtriegel wappnen uns für den Weiterweg durch den Naturpark Schwäbisch-Fränkischer Wald.

Während sich Sitzgelegenheiten bislang rar machten, stoßen wir oberhalb von Hirschfelden auf ein Eldorado für Müßiggänger. Und mit ihm auf ein spleeniges Phänomen: Nagelneue Abfalleimer aus blauem Kunststoff flankieren verstreut in der Landschaft aufgestellte Bänke. Ein Paradies fürs menschliche Sitzfleisch. Das Bild suggeriert klinische Sauberkeit und zeigt uns an, dass wir in ein Gebiet von größerer touristischer Bedeutung vordringen, die Limpurger Berge. Mit ihrem Umfeld vertragen sich die blitzblanken Plastikkübel insofern perfekt, als sie sehr hoffen lassen, dass Tüten und Trinkhalme in ihnen anstatt auf dem Erdboden landen.

An den Aschentonnen, das weiß jeder Wohnblockinsasse, soll sich die Spreu vom Weizen trennen. An ihnen scheiden sich die Geister, will man allein mit Bildungsstand und Migrationshintergrund erklären, weshalb sich so mancher Müllraum der Republik regelmäßig in einen humanen Saustall verwandelt. Was ein solcher unmissverständlich vor Augen führt: Mit Maßhalten und umweltgerechter Entsorgung ist es beim Gros der Verbraucher nicht weit her.

Ob mangelndem Grips geschuldet ist, was in vielen Wohnanlagen Woche für Woche rund um die Abfalltonnen sichtbar wird, sei dahingestellt. Verhaltensweisen, die derlei Ergebnisse zeitigen, dürften eher auf einem Sortierphlegma, auf Gleichgültigkeit, Nachlässigkeit oder der milderen Gedankenlosigkeit beruhen. Die Unkultur von Fast Food und Fertiggerichten in Kombination mit der (un)kontrollierten Masseneinwanderung der letzten Jahrzehnte hat eine Situation verschärft, für deren Problematik nicht nur migrantischen Neuankömmlingen oft das Bewusstsein fehlt.

Das Chaos als Ganzes ist eine Gemeinschaftsleistung. Als Einzelner hat darum niemand etwas zu befürchten. Überhaupt gibt es für so was ja einen werten Hausmeister. Der wird schließlich dafür bezahlt, dass er jede noch so üble, von Blockbewohnern begangene Abscheulichkeit aus dem Weg räumt ...

Vergessen werden sollte zu guter Letzt auch die Abfallwirtschaft nicht, die Müll in rauen Mengen verbrennt und in ferne Länder verfrachtet. Die gelobte Wirtschaft weiß schlechtweg alles zu schätzen, was Umsatz bringt. Ihren treuen und neuen Lieben dankt sie es mit Gutscheinen und satten Rabatten.

Im Doppelsinn am Gipfel

Ortsnamen kennt die Welt, welche ein artikulatorischer Alptraum sind. *Gschlachtenbretzingen* zum Beispiel gehört zweifellos dazu. Wer möchte sich so ein Wortungetüm freiwillig auf seine Visitenkarte drucken? Wollte man ihm einen Beruf zuordnen, fiele mir als Erstes der des Metzgers ein. Eines gestandenen Metzgers, der Rekordleistungen vollbringt. Eines Akkordschlachters mit Muskelfleischmasse. Und für welche Schlemmerei steht dieser Ort? Schlachtplatte mit Brät und Brezenknödeln natürlich. Für Vegetarier und erst recht für vegane Legastheniker ist sein Name ein No-Go.

Unsere Pfadlinie mäandert durch die Limpurger Berge. Sie schmiegt sich an den Verlauf des Höhenzuges an, dessen nördliches Ende ein Ausflugsmagnet markiert: der Einkorn. Wir treffen auf Spaziergänger im Wald und auf Wassertreter im Kneippbecken. Dass uns auf den Schlusskilometern des Trails mehr Menschen begegnen als auf allen vorangegangenen Etappen zusammen, mutet wie eine Pointe an.

Am Einkorn tummeln sich die Ausflügler. Viele von ihnen gönnen sich nach der ›Gipfelbesteigung‹ eine Erfrischung. Im Schatten der Kapellenruine unter hochbetagten Bäumen.

In Zusammenhang mit den Schwäbisch-Fränkischen Waldbergen ernsthaft von einem *Gipfel* zu sprechen, ist schon gewagt, sei alpenerprobten Wanderern aber ausnahmsweise erlaubt, zumal beim finalen Anstieg in der Tat Almfeeling aufkommt.

Die Bezeichnung *Gipfelbezwinger* gebührt vor allem solchen Wandervögeln, die hier und heute nach zweihundert Kilometern ihren Rundweg vollenden. Für uns beide ist der Einkorn im Doppelsinn der Gipfel, setzt er doch den würdigen Höhepunkt unserer zehntägigen ›Expedition‹.

Im Wirtsgarten holen wir uns die Belohnung ab — für den Steig und uns selbst. Wir führen uns leckere Gerichte zu Gemüte, getoppt vom verdienten, jawohl, *Gipfel*-Cappuccino.

Gestärkt steigen wir die Treppen hinauf zum Aussichtsturm, der vormals Kirchturm war. Wir vollziehen den letzten Minikraftakt, ehe oben die Essenz unserer zwei Maitouren sichtbar wird – als Rundumschau nach allen Richtungen *(21)*. Der Einkorn ist ein wunderbarer Ort, um Bilanz zu ziehen.

Wir lassen unsere Unternehmung Revue passieren und springen vom Turmplateau visuell zur allerersten Etappe zurück, die wir im Frühling vor einem Jahr absolvierten. Hinweg über Laubkronen, die Stadt Schwäbisch Hall und strohgelb-grüne Felder fahren unsere Augen zur Kochertalbrücke hin, dem in seinen Dimensionen markantesten Bauwerk am Trail. Wir genießen die weit reichende Sicht über das Land und huldigen der drei Hohenloher Hauptschlagadern: Bühler, Kocher, Jagst.

Wenn wir diesen Landstrich nachher mit der Bahn verlassen, haben wir einen attraktiven Fernwanderweg vollständig abgeleistet. Oder abgefeiert? Zahlreiche Abschnitte sind ein Fest für die Sinne. Die ausgewogene Melange aus Aufs und Abs, Tälern und Ebenen, Wiesen und Wäldern hat neben herausragenden Burgen ungezählte kleine Höhepunkte zu bieten. Alle Details gemeinsam erzeugen einen wechselvollen Spannungsbogen, den im Mai überall vitales Grün garniert.

Von Langeweile, wie sie dem Wandern gelegentlich nachgesagt wird, kann kaum wo die Rede sein, auch wenn ein paar Wegmeter verzichtbar waren. Vielleicht lagen sie bloß am falschen Ort zur falschen Zeit vor uns. Auf dem linken Fuß erwischten sie uns dort, wo uns das fehlende Quartier einen Strich durch die Rechnung machte. Am Ende aber ging sie jedes Mal auf.

Die Unzulänglichkeiten betreffen in erster Linie das grobmaschige Netz an Herbergen. Die Zimmersuche kann sich zu einem quälenden Akt auswachsen und die eigene Geduld auf die Probe stellen. Es ist daher ratsam, mit einer Reservierung vorzusorgen, sofern man sich, anders als wir, im Vorhinein festlegen und dafür in seiner Flexibilität einschränken lassen will. Angezeigt ist dies zumal dann, wenn der anvisierte Ort über nicht mehr als zwei oder nur einen einzigen Gasthof verfügt. Wer kurzfristig bucht oder sich, wie wir es meist taten, aufs Geratewohl auf den Weg macht, sollte unabdingbar dazu bereit sein, seine Tagesgestaltung an die äußere Situation anzupassen.

Auch wir *durften* an unser Wunschpensum so manchen Extrakilometer dranhängen. Einmal schloss sich obendrein eine Bahnfahrt an, da sich in Blaufelden keine Schlafgelegenheit ausfindig machen ließ. Konnte es wahr sein, dass ein Ort mit einem so wohlklingenden Namen seine Gäste nachts im Regen stehen lässt? Ja, es war möglich. Wir fuhren mit dem letzten Zug nach Crailsheim und kehrten am nächsten Morgen zurück, um die Etappe nach Kirchberg zu erleben.

Da Blaufelden der offiziell vorgeschlagene Ausgangs- und Endpunkt des Kocher-Jagst-Trails ist, empfiehlt es sich, gleich am Ankunftstag loszuwandern. Wer seine Tour in Blaufelden beendet, reist am besten am selben Tag weiter.

Der Steig schreibt nichts unabänderlich vor, sondern eröffnet Möglichkeitsräume. Sie erlauben es den Wandernden, dass diese ihre Zwischenziele relativ frei abstecken können, angepasst ans eigene Zeitkonto, befindlichkeitsgerecht. In begrenztem Maß gewährt er die Freiheit, eine Etappe schon früher oder auch erst später zu beenden, als es vielleicht angedacht war.

Unser Resümee fällt alles in allem sehr positiv aus. Attribute wie landschaftliche Vielfalt, der Reiz der Abwechslung und große Naturnähe lassen sich der mit Bedacht gelegten Route ohne Umschweife zuschreiben. Malerische Dörfer und idyllische Gewässer finden sich unterwegs zuhauf, sodass der Genuss für unsere Füße und Sinne ein hohes Niveau erreicht.

21

Wer die Unannehmlichkeiten einer Großstadt für ein paar Tage hinter sich lassen will, tut sich mit dem Kocher-Jagst-Steig etwas Gutes an und darf sich darauf freuen, zwischen den Stationen in ein Meer wohltuender Ruhe einzutauchen, veredelt durch ein Potpourri an Naturgeräuschen.

Vom Einkorn leitet uns ein steiler Pfad nordwärts hinab. Er unterstreicht das unverbrüchlich erhebende Gefühl, dass wir einen *richtigen* Gipfel erklommen haben. Unsere gleichmütigen Schritte nach Schwäbisch Hall sind nur noch Formalie.

UNSERE ETAPPEN

1. Etappe: ca. 31 Kilometer

Schwäbisch Hall (Altstadt) — Breitenstein — Eltershofen — Geislingen am Kocher — Braunsbach — Döttingen — Steinkirchen — Weilersbach — Tierberg — Bächlingen

2. Etappe: ca. 35 Kilometer

Bächlingen — Langenburg — Oberregenbach — Unterregenbach — Buchenbach — Heimhausen — Eberbach — Hertensteiner Mühle — Raboldshausen — Blaufelden

3. Etappe: ca. 20 Kilometer

Blaufelden — Blaubach — Amlishagen — Heroldhausen — Kirchberg

4. Etappe: ca. 27 Kilometer

Kirchberg — Mistlau — Wollmershausen — Burleswagen — Crailsheim — Schönebürg — Neuhaus/ Kreßberg

5. Etappe: ca. 12 Kilometer

Neuhaus/ Kreßberg — Mistlau — Großenhub — Wildenstein

Unterbrechung der Tour (Mai 2016)

Fortsetzung der Tour (Mai 2017)

6. Etappe: ca. 12 Kilometer

Dinkelsbühl – Segringen – Buckenweiler – Hammermühle – Lauterbach – Wildenstein

7. Etappe: ca. 24 Kilometer

Wildenstein – Rechenberg – Stockensägmühle – Holbach – Schönenberg – Ellwangen

8. Etappe: ca. 13 Kilometer

Ellwangen – Altmannsrot – Hohenberg – Rosenberg

9. Etappe: ca. 23 Kilometer

Rosenberg – Willa – Kammerstatt – Bühlerzell – Geifertshofen – Bühlertann

10. Etappe: ca. 24 Kilometer

Bühlertann – Mittelfischach – Dreikaiserlinde – Michelbach – Einkorn – Schwäbisch Hall (Hessental)

KLEINE PACKLISTE

Nachfolgende Liste liefert Vorschläge. Die individuelle Ausrüstung ist stets ein Mix aus notwendigen Dingen und persönlichen Vorlieben. Sie sollte sich an der jahreszeitlichen Witterung orientieren.

- 30-Liter-Tourenrucksack
- leichte Bergstiefel bzw. Wanderschuhe
- Barfußschuhe (auch als Hausschuhe geeignet)
- Teleskop-Wanderstöcke
- Strümpfe bzw. Socken (drei Paare)
- drei Unterhosen
- ein langärmliges / zwei kurzärmlige Merino-Shirts
- Trekkinghose
- eine (leichte) Hose für abends und heiße Tage
- Softshelljacke mit integrierter Kapuze
- Regenüberhang oder -überjacke und -überhose
- zwei Tücher aus Baumwolle oder Seide (als Sonnenschutz für Hals und Stirn)
- Mütze
- Handschuhe
- Schirm
- Hirschtalg: Werden die Füße täglich eingerieben, bleibt die Haut glatt und geschmeidig. Blasen, Sprödigkeit und Rauheit wird so vorgebeugt.
- Trekking-Waschmittel
- Handtuch aus Mikrofaser

- Waschlappen
- Waschbeutel mit (Haar-)Seife, Zahnbürste, Zahn-pasta, Hautcreme, Kamm und Nagelschere
- Geschirrtuch (z. B. zur Brillenreinigung)
- Sonnenbrille
- Sonnencreme
- Erste-Hilfe-Set
- Trinkflasche
- Thermosflasche
- Taschenmesser
- Nüsse
- (dunkle) Schokolade
- Nahrungsergänzungsmittel: z.B. Magnesium, Vita-min B, Vitamin C, Mineralstoffe, Spurenelemente, Algen (Spirulina, Chlorella)
- Faltkarte(n)
- Mobiltelefon
- GPS
- Kamera
- Kartenleselupe
- Bargeld
- EC-Karte
- BahnCard
- Krankenversichertenkarte
- Personalausweis
- Schreibblock
- Kugelschreiber

LITERATURHINWEISE

Lechner, Konrad: Kocher-Jagst-Trail.
Wandervergnügen im Hohenloher Land.
Fernwanderweg. Hikeline-Wanderführer. Verlag
Esterbauer GmbH, Rodingersdorf, Österreich, 2015.

Wikipedia (2021): Hall (Ortsname).
https://de.wikipedia.org/wiki/Hall_(Ortsname)
[Eingesehen am 19.03.2021].
Wikimedia Foundation Inc., San Francisco, CA (USA).

Die offizielle Webseite zum Kocher-Jagst-Trail des
Hohenlohe + Schwäbisch Hall Tourismus e.V. :
https://www.kocher-jagst-trail.de/